Les perles des misogynes

Ouvrages de Jérôme Duhamel

Dictionnaire des citations du XXe siècle, *Albin Michel*
Ces amours de bébés, *Albin Michel*
Dictionnaire inattendu de Dieu, *Albin Michel*
Grand Inventaire du Génie français en 365 objets, *Albin Michel*
Vous, les Français, *Albin Michel*
Le Mémorial du Québec, *Éditions du Mémorial* (Montréal)
Le Mémorial martiniquais, *Éditions du Mémorial* (Fort-de-France)
Sandwich à la folie, *Flammarion*

Le Bêtisier des profs, *Albin Michel*
Les Perles de l'école, *Albin Michel*
Le XXe siècle bête et méchant, *Albin Michel*
Les Perles des Fonctionnaires, *Albin Michel, J'ai Lu*
Le Gros dico du Vrai-Faux, *Albin Michel, Livre de poche*
Les Fonctionnaires en folie, *Albin Michel*
Jacques a dit..., *Albin Michel*
La Fête des perles, *Albin Michel, J'ai Lu*
Le Bêtisier du XXe siècle, *Lattès, Livre de poche*
Lettre à Coluche, *Lattès*
Le Grand méchant dictionnaire, *Laffont-Seghers*
Encyclopédie de la méchanceté et de la bêtise, *Belfond-Acropole*
Dictionnaire de la politique et des politiciens, *Belfond-Acropole*

Le Grand Méchant Bêtisier :
1992, *Albin Michel, Le Livre de poche* – 1993, *Albin Michel*
1994, *Albin Michel* – 1995, *Lattès*
1996, *Lattès/Albin Michel* – 1997, *Albin Michel*
1998, *Albin Michel* – 1999, *Albin Michel*

EN COLLABORATION AVEC :

BENOÎTE GROULT : Cette mâle assurance, *Albin Michel*
MICHEL OLIVER : La Vraie cuisine française, *Albin Michel*
JANINE BOISSARD : Les Secrets du Bonheur, *Albin Michel*
NATACHA AMAL : C'est merveilleux l'amour, *Albin Michel*
PHILIPPE VANDEL : Grand Bazar du pire et du n'importe quoi, *Albin Michel, Livre de poche*
CABU : Les Interdits de Cabu, *Albin Michel, Points/Seuil*
CABU : Les Abrutis sont parmi nous, *Albin Michel, Points/Seuil*
JACQUES FAIZANT ET WOLINSKI : Tous présidents !, *Denoël*
ESTELLE CERUTTI : Quelle est la différence ?, *Albin Michel, J'ai Lu*
WOLINSKI : 100 % Français, *Belfond, Presses-Pocket*
WOLINSKI : Vos gueules, les femmes !, *Albin Michel*
WOLINSKI : Passeport pour l'amour, *Belfond*
WOLINSKI : Les Socialos, *Albin Michel*

JERÔME DUHAMEL

Les perles des misogynes

ALBIN MICHEL

Ouvrage réalisé avec la collaboration de :

Florence Dugot
Estelle Cerutti
et
Amandine Waxin
Léna Felut

Maquette intérieure : Luc Doligez

22, rue Huyghens, 75014 Paris

www.albin-michel.fr

ISBN : 2-226-12025-4

Si tout le mal qu'on a dit des femmes était vrai,
elles seraient bien près de la perfection.

Henri de Régnier

Il y a toujours quelque niaiserie
à trop respecter les femmes.

Gérard de Nerval

Et moi, je dirai la vérité sur les femmes
quand j'aurai un pied dans la tombe.
Je la dirai, je sauterai dans mon cercueil
et j'en rabattrai le couvercle.

Léon Tolstoï

La haine de la femme
n'est jamais que la haine non surmontée
de l'homme contre sa propre sexualité.

Otto Weininger

C'est nous qui faisons les femmes telles qu'elles sont :
c'est pourquoi elles ne valent rien !

Mirabeau

AVERTISSEMENT

Les références de toutes les citations (titres complets des ouvrages, dates d'édition d'origine, éditeurs, dates de publication, etc.) pourront être consultées dans la bibliographie située en fin d'ouvrage, de la page 293 à 300.

13 PETITES PRÉFACES

CLASSIQUES. « Écrire, disait Céline, c'est une sécrétion. » Si un livre peut lui donner raison (pour une fois...), c'est bien celui-ci ! Plusieurs centaines d'écrivains (romanciers, poètes, moralistes, hommes de théâtre) forment le corps de cette anthologie coupable, forcément coupable. Le génie flamboyant des uns y côtoie nécessairement la bêtise crasse des autres. L'ironie superbe n'y est jamais loin du bon mot rustique. Les grands misogynes d'hier sont les mêmes qui brillent aujourd'hui encore au fronton de nos programmes scolaires : Shakespeare, Voltaire, Molière, Racine, Stendhal, Balzac, Dostoïevski, Dumas, Flaubert, Maupassant, Hugo, Zola... Ce sont eux – grâces leur soient rendues – qui ont donné ses lettres de « noblesse » à la misogynie.

CINÉMA. Si celui-ci mérite bien son titre de « septième art », c'est sans doute dans le talent qu'il mît à mettre en formules les mille et une nuances de la misogynie. Septième art, peut-être, mais du grand art ! Parce que les meilleurs y ont prêté leur talent... Quand les dialoguistes ont nom Michel Audiard, Henri Jeanson ou Pascal Jardin, le seul risque est de n'avoir pas le temps de profiter de toutes les couleurs du feu d'artifice. Quand les réalisateurs ne sont autres que Federico Fellini, W.C. Fields, Woody Allen ou Bertrand Blier, on en oublie tôt le prix d'une place de cinéma. Et quand les acteurs qui les servent ont la voix d'Arletty, Brialy, Bacri et *tutti quanti*, on tire son chapeau. Hélas, après le bon grain reste l'ivraie des moindres, plus bêtassons que vraiment méchants. Seront donc aussi à l'affiche (que Louis Lumière nous pardonne) Brigitte Bardot, Michel Galabru, Sylvester Stallone et quelques autres.

CONTEMPORAINS. L'ennui de telles anthologies est de n'y trouver, le plus souvent, que fastidieuse compilation de citations ou de bons mots aussi ressassés qu'assez rassis. Un tiers de Sacha Guitry, un tiers de Jules Renard, deux doigts de Voltaire, une pincée d'Anatole France et un zeste de Léautaud. Pas question, bien sûr, de faire l'impasse sur le mauvais esprit de ces derniers... Mais nous sommes aux marches du XXIe siècle, et il semblait inconcevable de ne pas donner leur juste place aux écrivains des années 1900 à 2000 - dix décennies de belle rage antiféministe. Nombreux s'en sont allés et, au paradis des vrais et faux misogynes, persiflent sans doute Céline et Joyce, Blondin et Montherlant, Mauriac et Queneau, Anouilh et Bazin, Simenon et San-Antonio... Qu'ils se rassurent : la relève est assurée. Et les femmes gardent un œil inquiet sur les inquisiteurs toujours bien vivants, de Jean Dutourd à Michel Tournier, de Philippe Djian à Michel Houellebecq.

DESSINATEURS. Pas facile de faire passer au panthéon des misogynes le texte d'une bulle éclatant dans une caricature ou une page de bande dessinée... Si Tintin n'aime pas les femmes, comme beaucoup l'affirment, il n'a eu ni le talent ni l'humour de nous en laisser une trace écrite. Ce qui n'est fort heureusement pas le cas, de nos jours, « du » spécialiste incontesté du dessin érotico-romantico-macho, à savoir mon ami Georges Wolinski. La place prépondérante qu'il occupe dans ce livre (et dès la couverture !) n'est que le reflet d'un talent que personne ne parvient à lui disputer dans les nouvelles générations de dessinateurs.

DISQUE. Quand la misogynie ne s'écrit pas, elle peut aussi se chanter. Avec bonheur, souvent. Tendresse bourrue d'un Brassens, désespoirs acides d'un Brel, tempos mal léchés d'un Gainsbourg et aigres-douceurs de Nougaro, Perret ou Dutronc... Contre les femmes. Tout contre.

FEMMES. Misogynes, les femmes ? Oh, bien plus ! Oh, bien pire ! Les plus impitoyables, les plus terribles, ce sont elles. Teigneuses, hargneuses, méchantes. Coupantes comme diamants. Lucides, sans doute... Quand les femmes s'attaquent aux femmes, ce n'est plus de la légitime défense, mais du meurtre avec préméditation. Mais quel beau travail ! De Colette hier à Amélie Nothomb aujourd'hui, de Marilyn Monroe à Coco Chanel, de Marie-Antoinette à Édith Cresson, de Marguerite Yourcenar à Madonna, elles ont conquis de haute lutte une place d'honneur dans cet hymne à la misogynie.

HUMORISTES. Ils se taillent, dans ces 304 pages, une belle part du gâteau. Au prétexte, souvent fallacieux, que leur rôle est de savoir et de pouvoir « rire de tout ». On notera cependant que la femme occupe presque 90 % de ce « tout »... Certains, d'hier ou d'avant-hier, y ont mis un talent rare, et la misogynie ne serait sans doute pas ce qu'elle est sans les coups de plume et de griffe de Sacha Guitry, de Tristan Bernard, de Courteline ou de Marx (pas Karl, mais Groucho). Plus près de nous, des Francis Blanche, Pierre Dac ou Jean Yanne, qui ont assuré la permanence misogyne lors des années 50-60, ont laissé un héritage pour lequel se sont brillamment entre-déchirés le faux doux Cavanna ou le vrai méchant Desproges, talonnés par Coluche ou Timsit, Olivier de Kersauson ou Laurent Ruquier...

INTERNET. Le tout dernier chapitre de ce livre regroupe un ensemble - hétéroclite - de « plaisanteries » machistes recueillies sur différents sites du réseau internet. On en profitera pour noter que la misogynie est en passe de devenir l'un des thèmes les plus récurrents de ce nouveau média : plusieurs centaines de sites sont consacrés à ce seul et unique sujet ! Mais qu'on le sache, l'auteur ne sacrifie à cette mode du « web » qu'à hauteur du désintérêt et de l'inquiétude que celui-ci lui inspire.

PHILOSOPHES. La révélation est de taille : Nietzsche et Schopenhauer sont désopilants, Sartre et Beauvoir sont rigolos, Socrate et Platon font pouffer, Roland Barthes le dispute à Bernard-Henri Lévy dans le domaine de l'humour. Quand la misogynie devient une philosophie...

POÈTES. Eh non, monsieur Aragon, le poète n'a pas toujours raison... Et, à bien y regarder, la misogynie, plus que la femme, semble l'avenir de l'homme ! On découvrira plus loin, avec une consternation mêlée d'effroi, que les plus larmoyants des poètes (ah, Musset !), les plus mielleux des troubadours (oh, Vigny !), les plus exaltés de nos rimeurs (ouh, Baudelaire, Hugo !), les plus raides de nos versificateurs (bof, Valéry !) produisaient autant de fiel que de miel. Histoire sans doute de donner raison à Edmond et Jules, les deux ineffables frères Goncourt, quand ils notaient : « Oh ! le vide, le creux des vers ! Que c'est bien de la pâture pour les pauvres cervelles des femmes ! »

POLITICIENS. Les seuls quotas qu'ils se sont efforcés de respecter, depuis la nuit des temps, sont ceux d'un antiféminisme pour lequel le mot *primaire* semble bien timide. Quand Napoléon Ier rejoint Charles de Gaulle, quand Clemenceau côtoie Churchill, quand Karl Marx inspire Léon Blum, c'est dans le mépris de la femme et de son improbable rôle politique. Leurs successeurs s'y essaient bien aussi, mais sans grand talent, puisqu'ils ont nom Michel Debré, Philippe de Villiers ou... Jacques Chirac.

SPORTIFS. Dieu, merci ! ils parlent peu et demeurent les grands absents de cette anthologie... Sans doute parce qu'on ne peut faire deux choses à la fois : penser et suer, aimer et... sauter. Ou parce que l'EPO n'agit guère sur les muscles de la boîte crânienne. Pour une ignominie du fameux baron Pierre de Coubertin, créateur des Jeux olympiques modernes, on ne trouvera qu'une courte maxime du footballeur Éric Cantona. Leur silence sur le sujet sera malheureusement, et bruyamment !, couvert par l'inévitable « journaliste » sportif de service sur nos petits écrans – un certain Thierry Roland –, plus à l'aise dans la gaudriole machiste que dans le respect de la grammaire et de la syntaxe.

TÉLÉVISION. « N'oublions jamais que la télévision n'est qu'un meuble », raillait Henri Jeanson. Malheureusement, le meuble parle... Et beaucoup. Les misogynes, cependant, n'auront guère à le regretter, la télévision nous ayant fourni quelques-uns des plus hallucinants spécimens de débilité féminine et ayant surtout permis à quelques misogynes cathodiques de nous régaler de leurs vacheries à l'emporte-femmes, de Benny Hill à l'équipe des Nuls, de Bruno Gaccio à Antoine de Caunes, de Christophe Dechavanne à Bruno Masure...

Jérôme Duhamel

A

comme

Accouplement,
Adultère,
Âge,
Amour,
Animaux,
Argent,
...etc.

Accouchement

Une opération césarienne étant nécessaire, un chasse-neige a dû être envoyé pour ouvrir un passage.

Le Monde (9 février 1954)

Représentez-vous la femme quand elle accouche. Est-ce bien la peine de s'enthousiasmer devant un cloaque ? Voyez cette masse informe de chair sortir gluante et empestée du centre où vous croyez trouver le bonheur !

Marquis de Sade (1740-1814)

Pendant que la femme accouche, elle tient la main de son mari. Ainsi il a moins peur, il souffre moins.

Pierre Desproges (1939-1988)

Elle veut pas prendre la pilule pour garder la ligne. Total : elle est tellement déformée par les grossesses qu'entre deux accouchements, on voit même plus la différence !

Guy Bedos (XXe)

Dieu a donné à la femme d'accoucher – ce qu'il a refusé à l'homme – pour qu'elle n'oublie jamais que sa vie reste, de toute éternité, placée sous le double signe de la souffrance et de l'humiliation.

Abbé Jeanlet (1904)

Accouplement

**Quatre-vingt-quinze fois sur cent,
La femme s'emmerde en baisant.
Qu'elle le taise ou le confesse
C'est pas tous les jours qu'on lui déride les fesses.
Les pauvres bougres convaincus
Du contraire sont des cocus.**

Georges Brassens (1921-1981)

La première fois, j'ai fait ça avec une femme fantastique : elle n'avait rien dans la tête. Il fallait lui mettre un miroir devant les narines pour vérifier si elle respirait encore. C'aurait été plus intéressant de s'envoyer un rouleau de papier tue-mouches !

Sylvester Stallone (1993)

Si l'homme écoutait seulement les appels de son organisme, il ne rechercherait l'accouplement que deux ou trois fois dans le cours d'une année.

Dr Sapience (1925)

*Je n'aime pas
les femmes
qui couchent
le premier soir.
Je déteste ça :
il faut attendre tout
l'après-midi !*

Patrick Timsit (XXe)

Actrices

Le fantasme de l'actrice en tant qu'objet sexuel est ancré si profondément dans les mentalités que les gens ont encore du mal à concevoir qu'une actrice puisse être, sinon intelligente, du moins capable de réfléchir.

Isabelle Huppert (1996)

Certaines actrices tiennent le haut du pavé : elles n'ont eu qu'à descendre du trottoir.

Pierre Véber (1912)

Cette actrice est plate... et pourtant elle tourne !

Joseph Lentz (1986)

On dit toujours : les actrices américaines, elles font tout, elles dansent, elles chantent, elles jouent la comédie. Et alors ? Les actrices françaises aussi, elles font tout : elles couchent, elles sucent, elles avalent !

Patrick Timsit (1992)

Adam et Ève

Ève, notre mère à tous, fut la première femme. Première femme, première salope. C'est par sa faute que nous mourons, et qu'avant de mourir nous menons une vie de dur labeur, de lever aux aurores, de mal de dents, de TVA, de tabac qui donne le cancer et de milliers de paires de cuisses fabuleuses qui nous passent insolemment sous le nez et ne sont jamais pour nous. Le péché originel, c'est pas elle peut-être ? Qui c'est qui a croqué la pomme, et l'a donnée à croquer à Adam ? Tout est de sa faute, nous ne la maudirons jamais assez.

François Cavanna (XXe)

La femme fut, dit l'Évangile, formée d'une côte d'Adam ! Eh bien, voilà une côte sur laquelle il y a eu bien des naufrages.

Pierre Véron (1798-1867)

Dieu créa l'homme et, ne le trouvant pas assez seul, il lui donna une compagne pour lui faire mieux sentir sa solitude.

Paul Valéry (1932)

Je ne permets pas à la femme de faire la loi à l'homme. Qu'elle se tienne tranquille. C'est Adam en effet qui fut formé le premier, Ève ensuite. Et ce n'est pas Adam qui se laissa séduire, mais la femme qui, séduite, se rendit coupable de transgression. Néanmoins, elle sera sauvée en devenant mère...

Saint Paul (v.5-15-v.62-64)

Adultère

Il y a dans l'adultère une minute exquise : c'est celle où l'on commence à préférer le mari à la femme.

Albert Grinon (XXe)

L'adultère est possible mais une femme ne doit jamais avouer. Même prise sur le fait, dans un lit, elle doit nier : « Non, ce n'est pas moi. »

Nadine de Rothschild (1997)

Le Christ a pardonné à la femme adultère. Parbleu ! Ce n'était pas la sienne.

Georges Courteline (1927)

L'adultère est en votre cœur non seulement quand vous regardez avec un désir sexuel excessif une autre femme que la vôtre, mais aussi si vous regardez de la même façon votre propre femme.

Jean-Paul II (1980)

L'adultère est comme la tarte aux pommes : c'est meilleur quand on le fait chez soi...

M. Maurice (1928)

Âge

Quand on a connu une femme à l'âge de dix-huit ans et qu'on la retrouve trente ans après, on a du mal à croire qu'un seul homme ait fait autant de dégâts.

Jean Mistler (XXe)

Si coucher avec une fille de quinze ans est un détournement de mineure, coucher avec une femme de plus de soixante-dix ans est une violation de sépulture.

José Arthur (1993)

Ma femme et moi avons été heureux vingt-cinq ans. C'est à cet âge-là que nous nous sommes rencontrés.

Sacha Guitry (1885-1957)

Méfiez-vous d'une femme qui avoue son âge. Si elle dit cela, elle dira n'importe quoi.

Oscar Wilde (1854-1900)

Elle croit que l'âge, c'est de l'argent, et elle économise sur son âge.

Jules Renard (1864-1910)

Aimer

Je connais bien l'amour ; c'est un sentiment pour lequel je n'ai pas d'estime. D'ailleurs il n'existe pas dans la nature ; il est une invention des femmes. Ma tête serait mise à prix, que je me sentirais plus en sécurité dans le maquis, comme une bête traquée, que réfugié chez une femme qui m'aime d'amour.

Henry de Montherlant (1936)

Je ne peux pas mourir d'aimer : je m'endors toujours avant.

Georges Wolinski (XXe)

Les hommes aiment, les femmes se laissent aimer.

Paul Léautaud (1872-1956)

Si j'aime les hommes, c'est surtout parce que c'est pas des femmes !

Jacques Brel (1929-1978)

Chez la femme, le besoin d'être aimée est plus grand que celui d'aimer.

Sigmund Freud (1856-1939)

– Je t'aime...
– Mais, moi aussi, je m'aime !

Sacha Guitry (1885-1957)

Alcool

Ma femme, ma pauvre femme,
Retourne en ta maison !
En ta maison, tu feras ta cuisine ;
Et moi, pendant ce temps, nom de d'là !
Je viderai mes chopines.

La Femme d'un libertin,
chanson populaire française (XIXe)

Il faut bien peu de pudeur à un homme et à une femme pour baiser sans être ivres.

Edmond et Jules de Goncourt (XIXe)

Ces Français sont formidables : ils arrivent à faire l'amour à leurs femmes même sans être saouls...

Art Buchwall (XXe)

Il faut faire très attention aux femmes. C'est encore plus traître que l'alcool.

Michel Galabru (XXe)

Une bouteille, voilà une distraction bien supérieure à la femme. La bouteille vide, c'est fini. Elle ne vous demande ni visite ni souvenir, la bouteille. Elle ne vous demande ni reconnaissance ni amour ni même de politesse. Elle ne vous fait pas d'enfant, la bouteille.

Edmond et Jules de Goncourt (XIXe)

Amant

Un premier amant par amour, un second par dépit et les autres par habitude.

Alexandre Dumas fils (1824-1895)

Une femme qui a un amant est un ange, une femme qui a deux amants est un monstre, une femme qui a trois amants est une femme.

Victor Hugo (1802-1885)

Il y a des femmes tellement infidèles qu'elles éprouvent de la joie à tromper leurs amants avec leur mari.

Georges Clemenceau (1841-1929)

La chaîne du mariage est si lourde, qu'on se met à deux pour la porter, quelquefois trois.

Alexandre Dumas fils (1824-1895)

Commencer en poète et finir en gynécologue ! De toutes les conditions, la moins enviable est celle d'amant.

Emil Cioran (XXe)

Âme

L'on ne peut douter que le corps de la femme ne soit moins beau que celui de l'homme, puisqu'il contient une âme moins belle.

Anatole France (1925)

Son âme : une bulle d'air dans une boule de chair.

Jules Renard (1893)

Un grand philosophe plaçait l'âme, la nôtre s'entend, dans la glande pinéale. Si j'en accordais une aux femmes, je sais bien, moi, où je la placerais.

Denis Diderot (1713-1784)

Dépourvue d'âme, la femme est dans l'incapacité de s'élever vers Dieu. En revanche, elle est en général pourvue d'un escabeau qui lui permet de s'élever vers le plafond pour faire les carreaux. C'est tout ce qu'on lui demande.

Pierre Desproges (1939-1988)

Amies

L'amitié n'existe pas plus entre deux femmes qu'entre deux épiciers domiciliés en face l'un de l'autre.

Alphonse Karr (1808-1890)

Les prostituées sont des femmes qui ont très vite compris que leurs meilleures amies étaient leurs jambes et qu'il fallait très souvent écarter ses meilleures amies.

Coluche (1944-1986)

Certaines femmes aiment tellement leur mari que, pour ne pas l'user, elles prennent ceux de leurs amies.

Alexandre Dumas fils (1824-1895)

Souvent les honnêtes femmes parlent des fautes des autres femmes comme de fautes qu'on leur aurait volées.

Edmond et Jules de Goncourt (XIXe)

Deux femmes qui s'embrassent me feront toujours penser à deux boxeurs qui se serrent la main.

Sacha Guitry (1947)

Amis

Je n'ai jamais eu peur de rendre heureuse la femme d'un ami...

Alex Métayer (1993)

Il est des femmes qu'on ne devrait jamais épouser soi-même. On devrait les laisser épouser par ses amis.

Alfred Capus (1858-1922)

On nous dit qu'il ne faut pas coucher avec la femme de ses amis. Bon. Mais alors... avec qui ?

Lucien Guitry (1860-1925)

C'est la femme de mon meilleur ami : je l'adule, je l'adule (bis), je l'adule (ter).

Roland Bacri (XXe)

Les femmes des amis, c'est sacré... Il faut qu'elles y passent.

Yves Mirande (1875-1957)

Prenez l'habitude de bien baiser votre femme, vous lui éviterez le dérangement d'aller se faire baiser par vos copains.

San-Antonio (1921-2000)

Amour

L'amour, ça commence par la tête, et ça finit par trois petites gouttes dans le tuyau du pipi.

Salvador Dali (1956)

J'ai entendu des jeunes femmes tranchantes déclarer : « Moi, en amour, c'est tout ou rien. » Eh, eh ! un joli rien, bien présenté, c'est déjà quelque chose...

Colette (1873-1954)

On ne saurait médire d'un sujet qui a survécu au romantisme et au bidet.

Emil Cioran (XXe)

Le caractère naturel de l'amour est régi par deux principes fondamentaux : la femme doit se fondre complètement dans l'homme. Plus l'homme est fort, plus la femme l'aime.

Dr Fauconney (1928)

L'amour, c'est l'infini mis à la portée des caniches et j'ai ma dignité, moi !

Louis-Ferdinand Céline (1932)

L'amour... c'est une chose assez dégoûtante. D'abord ça tache les draps si on ne fait pas attention et puis ça sent mauvais.

René Crevel (1900-1935)

Il faut avoir été amoureux au moins une fois dans sa vie. Cela vous enlève pour toujours l'envie de recommencer.

Yvan Audouard (XXe)

L'amour ! Alors on aime un appareil respiratoire, un tube digestif, des intestins, des organes d'évacuation, un nez qu'on mouche, une bouche qui mange, une odeur corporelle ? Si on pensait à cela, comme on serait moins fou !

Paul Léautaud (1872-1956)

L'homme est sain et direct. S'il n'y avait eu que lui, le sexe serait resté le sexe. La femme complique tout. C'est de sa faute si le sexe est devenu l'amour.

François Cavanna (XXe)

L'amour, c'est l'effort que l'homme fait pour se contenter d'une seule femme.

Paul Géraldy (1951)

Animaux

Il faut prendre les femmes comme on prend les tortues : en les mettant sur le dos.

Élémir Bourges (1852-1925)

Entre une femme et un cheval, je me tire avec le cheval.

Kevin Costner (1992)

La chasse aux femmes est un sport passionnant. Les ennuis commencent dès qu'on en a attrapé une.

Gabriel Timmory (XXe)

Il est entendu, une fois pour toutes, que les hommes ont le droit de chasse. Au gibier féminin de se garder.

François Mauriac (1885-1970)

La femme en elle-même n'a pas de raison d'être. Elle est une sorte de moyen terme entre l'homme et le reste du monde animal. Sans l'homme, elle ne sortirait pas de l'état bestial.

Pierre-Joseph Proudhon (1809-1865)

À la campagne, les paysans pratiquent l'inceste pour ne pas abîmer les animaux.

Jean Yanne (XXe)

On ose me demander à moi qui ai un chien, un chat, une tortue, deux enfants, une femme et plusieurs belles-mères si j'aime les animaux !

Yvan Audouard (XXe)

Comme la possession d'animaux sauvages est interdite par la loi, et que je n'ai aucun plaisir aux animaux domestiques, je préfère rester célibataire.

Karl Kraus (1911)

Femme : animal qui vit généralement dans le voisinage de l'homme, et possède une prédisposition rudimentaire à la domestication... Cette espèce est la plus répandue de toutes les bêtes de proie : elle infeste toutes les parties habitables du globe... Elle est omnivore et on peut lui enseigner à se taire.

Ambrose Bierce (1842-1914)

Argent

Il n'y a que deux endroits où l'on paye pour avoir le droit de dépenser, les latrines publiques et les femmes.

Charles Baudelaire (1821-1867)

Wagner a dit : « Par leurs charmes harmonieux, les femmes sont la musique de la vie... » Moi, je me permets d'ajouter : « et par leurs dépenses, elles en sont aussi les notes ! »

Albert Willemetz (1887-1962)

L'argent, c'est comme les femmes : pour le garder, il faut s'en occuper un peu ou alors... il va faire le bonheur de quelqu'un d'autre.

Édouard Bourdet (1887-1945)

Des lettres d'amour, il faut bien en écrire. Il y a des choses qu'il n'est pas facile de demander de vive voix à sa maîtresse, de l'argent, par exemple.

Henri de Régnier (1929)

Les femmes qui nous aiment pour notre argent sont bien agréables : on sait au moins ce qu'il faut faire pour les garder.

Francis Blanche (XXe)

La femme est un roseau dépensant.

Jules Renard (1864-1910)

Tu as vu des femmes qui aiment les pauvres ?

Marcel Pagnol (1895-1974)

Les femmes légères sont celles qui pèsent le plus lourdement sur le budget des hommes.

Marcel Achard (1899-1974)

Je me demande pourquoi les femmes ont besoin de tant d'argent. En général, elles ne boivent pas, ne jouent pas et... n'ont pas de femmes.

Jean Rigaux (XXe)

Un homme qui a du succès est un homme qui gagne plus d'argent que sa femme n'en dépense. Une femme qui a du succès est celle qui trouve un tel homme.

Lana Turner (1920-1985)

Les hommes sont faits pour avoir de l'argent ! Mais pas les femmes. Les femmes sont faites pour en demander.

Nadine de Rothschild (XXe)

Au Jardin des Plantes, deux filles regardent les singes. L'une dit à l'autre :
– Ils sont épatants, tu ne trouves pas ? Il ne leur manque que de l'argent.

Légende d'un dessin de Forain (1911)

Les femmes semblent être supérieurement douées pour les fonctions qui coûtent de l'argent au lieu d'en rapporter.

Sacha Guitry (1885-1957)

Il y a un moyen de transférer des fonds plus rapide que les transactions bancaires électroniques : cela s'appelle le mariage.

James Holt Mc Gavran (XXe)

Il y a celles qui vous disent qu'elles ne sont pas à vendre, et qui n'accepteraient pas un centime de vous ! Ce sont généralement celles-là qui vous ruinent.

Sacha Guitry (1947)

Les femmes ne sont que des organes génitaux articulés et doués de la faculté de dépenser tout l'argent que l'on possède.

William Faulkner (1897-1962)

Artistes

Il y a eu des milliers de femmes qui ont fait de la peinture, mais seuls les hommes y ont eu du génie. On peut dire, sans risque d'erreur, que les femmes ont moins d'imagination que les hommes...

Ellis Havelock (XXe)

La femme n'a pas le goût de l'art, ni la notion de la beauté plastique.

Joseph Péladan (1911)

Les femmes n'ont pas de testicules, donc elles n'ont pas de talent. Elles ne devraient jamais s'essayer à la création – elles en sont, par nature, incapables.

Salvador Dali (1904-1989)

Cette jeune personne a déjà du talent. Elle en aura davantage si elle devient jolie.

Jules Renard (1906)

Il vaut mieux épouser une femme vierge. Si tu te compares à un peintre ou à un écrivain, il vaut mieux que la page soit vierge, que la toile soit blanche. S'il y a déjà plein de pinceaux qui se sont mis dedans, il y a des traces...

Jacques Dutronc (XXe)

Assassinat

Si votre femme est hémophile, conseillez-lui d'essayer l'acupuncture...

Benny Hill (1990)

Il y a des femmes dont on s'étonne vraiment qu'il ne se soit trouvé personne pour les étrangler.

Henri de Régnier (1929)

Une brune aux yeux de braise entra un jour dans notre boutique (siège de l'association La Femme nouvelle) et s'offrit à nous aider.
– J'espère que mes références vous paraîtront suffisantes, nous dit-elle. J'ai tué mon mari.

Louise Weiss (1939)

Celui qui ne comprend pas qu'on puisse étrangler une femme ne connaît pas les femmes.

Paul Léautaud (1872-1956)

– Si vous étiez mon mari, monsieur, je vous servirais une tasse de thé empoisonné.
– Si vous étiez ma femme, madame, je la boirais.

Winston Churchill (1874-1965)

Auto-moto

Ne courez jamais après une femme ou un taxi. Il en passera d'autres tout à l'heure.

Léo Campion (XXe)

On revient toujours à sa Harley, comme on revient à sa femme.

Johnny Hallyday (XXe)

Le moteur de la femme est nettement moins compliqué que celui de la voiture. Et puis il y a moins de cambouis, et c'est moins salissant !

Arthur (XXe)

J'ai vu, dans la presse de province, une petite annonce. C'était un célibataire qui cherchait une jeune fermière, 1,75 m, blonde, 35 ans, aimant les cochons, aimant les poules et possédant un tracteur. Il a ajouté : « ENVOYEZ LA PHOTO DU TRACTEUR ! »

Michel Drucker (XXe)

Une auto-stoppeuse est une femme généralement jolie et court-vêtue qui se trouve sur votre route quand vous êtes avec votre femme.

Woody Allen (XXe)

Avortement

La femme qui avorte est dure, arriérée, étroite, asexuée. Elle n'a pas de poitrine, elle s'affaisse comme une fleur fanée. C'est l'anti-mère.

Déclaration du mouvement Laissez-les vivre *(1995)*

La libéralisation de l'avortement servira toujours les intérêts des prostituées mondaines du XVIe arrondissement. C'est la décadence qui mène aux abîmes.

Pierre Bas, député de Paris (1975)

À l'époque où tout le monde parle d'avortement, il est réjouissant de voir des mères de famille de douze enfants !

Pierre Messmer (1973)

Avec la contraception artificielle et l'interruption de grossesse légale, les moyens d'une autodestruction collective de notre société sont en place.

Michel Poniatowski (1975)

Par vos interruptions de grossesse, de plaisance ou de complaisance, vous avez assassiné Beethoven, Pasteur ou Charlie Chaplin.

Philippe de Villiers (1987)

B

comme

Baiser,
Bavardes,
Beauté,
Bêtise,
Bigamie,
Boudins,
...etc.

Baiser

Il ne faut pas courir deux lèvres à la fois.

Honoré de Balzac (1799-1850)

Quand une femme est en colère, quatre petits baisers suffisent pour la consoler.

Carlo Goldoni (1707-1793)

Celle-là, quand on veut l'embrasser sur les deux joues, il est plus court de passer par derrière...

Tristan Bernard (1866-1947)

Ce qu'il y a de meilleur dans le baiser, c'est qu'il ferme la bouche.

Valery Larbaud (1881-1957)

Un baiser, c'est une demande adressée au deuxième étage pour savoir si le premier est libre.

Alphonse Karr (1808-1890)

Une des choses les plus dégueues de la planète, c'est une bouche humaine. Pour que j'embrasse une fille, il faut vraiment qu'elle m'inspire. Mon premier « french kiss » représente l'expérience la plus dégoûtante de ma vie. La fille a injecté environ un demi-litre de sa salive dans ma bouche. Quand je l'ai quittée, j'ai craché tout le long du chemin.

Leonardo DiCaprio (1995)

Bavardes

Les femmes n'interviennent jamais dans mes romans tout simplement parce qu'elles parleraient tout le temps et que les autres ne pourraient plus rien dire.

Jules Verne (1828-1905)

Il y a mille inventions pour faire parler les femmes, mais pas une seule pour les faire taire.

Guillaume Bouchet (1513-1594)

Dieu a fait l'homme avant la femme pour lui permettre de placer quelques mots.

Jean Rigaux (XXe)

Quand une femme souffre en silence, c'est sûrement que son téléphone est en dérangement.

Marcel Achard (1899-1974)

Un optimiste est un monsieur qui croit qu'une dame a terminé sa conversation téléphonique parce qu'elle dit : « au revoir ».

Marcel Achard (1899-1974)

Beauté

La beauté ne peut être que nuisible, à moins qu'elle ne serve à faire marier avantageusement une fille.

Fénelon (1651-1715)

Je t'aimerai, le temps de voir dans ce grain de beauté une verrue.

Jules Renard (1864-1910)

J'aime pas les femmes bronzées. Les pains d'épice. Les femmes de cuivre. Les boucanées vieux cuir. Dures, ça les fait. Métalliques. Imperméables. Inhumaines. Et vieilles. Si vieilles tout à coup...

François Cavanna (XXe)

Elle était belle comme la femme d'un autre.

Paul Morand (1924)

On nous montre des femmes à poil partout, avec des mensurations idéales, et toutes les femmes tentent de ressembler le plus possible à Claudia Chou-Fleur. Ça fait de la peine.

Jean-Pierre Bacri (1994)

La beauté, au moins, on sait que ça meurt, et comme ça, on sait que ça existe...

Louis-Ferdinand Céline (1894-1961)

La bêtise est souvent un ornement de la beauté.

Charles Baudelaire (1821-1867)

Les femmes dont on dit qu'elles ont été belles ont à mes yeux le même intérêt que les pièces démonétisées dont on dit qu'elles ont été bonnes.

Georges Courteline (1858-1929)

Lorsque je dis à une femme qu'elle est une des dix plus jolies personnes de Paris, elle a l'air aussitôt de chercher les neuf autres pour les gifler.

Sacha Guitry (1947)

La beauté est une tromperie. La vitrine annonce un tas de choses qu'on ne trouve pas à l'intérieur.

Philippe Bouvard (XXe)

Bestioles

Les femmes se prennent comme les lapins... par les oreilles.

Victor Hugo (1802-1885)

Cette femme vous regarde comme si un serpent allait vous piquer.

Henri de Régnier (1929)

Quand une femme mange de la morue, il y a quelque chose de cannibale.

Olivier de Kersauson (XXe)

Chaque fois qu'une maîtresse me quitte, j'adopte une chatte de gouttière, ainsi une bête s'en va, une bête arrive...

Paul Léautaud (1872-1956)

Les femmes sont comme les huîtres : on y trouve plus souvent de la vase que des perles.

Henry Maxwell (1937)

Une femme sans homme, horreur, c'est une espèce de grand kangourou qui va partout avec une poche vide.

Violette Leduc (1970)

On est toujours émerveillé par le caméléonisme des femmes amoureuses. Elles prennent instantanément la couleur de l'homme sur lequel elles se posent.

Jean Dutourd (XXe)

La femme a été peu ou mal étudiée. Nous avons des monographies complètes sur le ver à soie, sur les hannetons et sur les chats, et nous n'en avons pas sur la femme.

P. Mantegazza (1911)

Ce qu'on appelle l'amour n'est que l'histoire de la poursuite de l'homme par la femme... La femme semble attendre l'homme parce qu'elle est immobile ; mais c'est ainsi que l'araignée attire à elle la mouche innocente.

George Bernard Shaw (1856-1950)

Les vers luisants sont l'image des femmes : tant qu'elles restent dans l'obscurité, on est frappé de leur éclat ; dès qu'elles veulent paraître au grand jour, on ne voit plus que leurs défauts.

Mme Necker (1739-1794)

Les femmes me font autant d'effet que les éléphants : j'aime à les regarder, mais je n'en voudrais pas à la maison.

W. C. Fields (1879-1946)

Bêtise

On peut définir la femme en la situant à mi-chemin entre le comportement normal et la sottise. Comparé à celui de l'homme, le comportement de la femme paraît pathologique, comme celui des Nègres comparé à celui des Européens.

Dr Paul Julius Moebius (1900)

Dix hommes, les bêtises règnent. Dix femmes, la bêtise règne.

Georges Wolfromm (1960)

Prière de laisser chaque femme en partant aussi ignorante que vous auriez désiré la trouver en arrivant.

Georges Elgozy (1909-1989)

Je n'ai jamais eu de chance avec les femmes. Il est toujours arrivé un moment où leur bêtise a dépassé mon amour.

Paul Léautaud (1872-1956)

La quantité de bêtise qu'une femme pas bête peut accumuler en peu de temps est une chose déconcertante.

Georges Courteline (1858-1929)

Elle a l'air cruche, mais c'est le genre de cruche dans laquelle je me transvaserais volontiers.

San-Antonio (1921-2000)

Bigamie et plus...

Depuis que je suis marié, je n'ai pas mis les pieds dans une autre femme.

Alfred Capus (1858-1922)

La bigamie, c'est quand on a deux femmes ; la monotonie, c'est quand on n'en a qu'une !

Coluche (1944-1986)

Les femmes, c'est comme les photographies : il y a un imbécile qui conserve précieusement le cliché, pendant que les gens d'esprit se partagent les épreuves.

Henri Becque (1868)

On ne pense pas à tous les frais que nous avons, nous autres bigames.

Tristan Bernard (1866-1947)

La bigamie consiste à avoir une femme de trop. La monogamie aussi d'ailleurs.

Henry Louis Mencken (1931)

Bijoux

Le jour de votre mariage, quand vous passez la bague au doigt de votre épouse, n'oubliez pas de lui prodiguer l'indispensable conseil pratique, le mode d'emploi, la notice : « Tu vois, chérie, pour que cette bague ne perde rien de son éclat et reste brillante, il faut absolument la tremper au moins deux fois par jour dans l'eau de vaisselle. »

Jean Yanne (XXe)

La femme qui vous aime parle d'avenir. Celle qui ne vous aime pas parle de... présents.

Maurice Dekobra (XXe)

Il ne faut jamais jeter la pierre à une femme, ou alors des pierres précieuses.

Gabriel Domergue (1941)

Offrez un collier à votre femme. C'est plus pratique pour attacher la laisse.

Woody Allen (1983)

– J'ai acheté un bijou...
– Pour ta femme ou un peu plus cher ?

Coluche (1944-1986)

Boudins

Thérèse n'est pas moche, elle n'a pas un physique facile, c'est différent.

Dialogues du film Le Père Noël est une ordure *(1983)*

Je suis pas pour la peine de mort mais des fois, tu vois de ces boudins...

Jean-Marie Gourio (1997)

Quand elle se tournait sur le ventre, on voyait sa cellulite ; quand elle se tournait sur le dos, on voyait ses vergetures...

Michel Houellebecq (1998)

Les femmes, c'est de la sale viande. Parfois, on dit d'une femme particulièrement laide qu'elle est un boudin : la vérité, c'est que toutes les femmes sont des boudins.

Amélie Nothomb (1992)

Bras et mains

Je suis en faveur de la coutume qui veut qu'un homme baise la main d'une femme la première fois qu'il la voit. Il faut bien commencer par un endroit quelconque.

Sacha Guitry (1947)

Les femmes sont comme les armes à feu, dangereuses entre les mains des novices.

Jean Marsac (XXe)

Les femmes, on les a dans ses bras – puis un jour sur les bras – et bientôt sur le dos.

Sacha Guitry (1885-1957)

À un certain âge les deux bras d'un fauteuil vous attirent plus que les deux bras d'une femme.

Gustave Flaubert (1821-1880)

Soyez à leurs pieds. À leurs genoux... Mais jamais dans leurs mains.

Talleyrand (1812)

Ne baise jamais la main d'une femme de peur d'avaler la bague.

Jules Renard (1905)

C

comme

Célibataires,
Clitoris,
Cocus,
Coït,
Connes,
Cul,
...etc.

Catégories

Il n'y a que deux sortes de femmes : celles qui trompent leur mari, et celles qui disent que ce n'est pas vrai.

Marcel Achard (1899-1974)

Il y a deux sortes de femmes. La femme-bibelot que l'on peut manier, manipuler, embrasser du regard, et qui est l'ornement d'une vie d'homme. Et la femme-paysage. Celle-là, on la visite, on s'y engage, on risque de s'y perdre. La première est verticale, la seconde horizontale...

Michel Tournier (1970)

Il n'y a que deux sortes de femmes : celles qu'on compromet et celles qui vous compromettent.

Henri Becque (1837-1899)

Les femmes, pour moi, sont divisées en deux catégories : les baisables et les imbaisables. Les meilleures, ce sont les imbaisables : elles pleurent de joie quand on les baise !

Georges Wolinski (XXe)

Il faut qu'une femme soit ouverte, ou fermée.

José Artur (1993)

Il existe trois catégories de femmes : les putes, les salopes et les emmerdeuses. Les putes couchent avec tout le monde, les salopes couchent avec tout le monde sauf avec toi, les emmerdeuses ne couchent qu'avec toi.

San-Antonio (1921-2000)

Il y a devant l'amour trois sortes de femmes : celles qu'on épouse, celles qu'on aime et celles qu'on paie. Ça peut très bien être la même. On commence par la payer, on se met à l'aimer, puis on finit par l'épouser.

Sacha Guitry (1885-1957)

La nature humaine se décompose en deux parties principales : l'homme et la femme. Les deux êtres sont par conséquent le complément l'un de l'autre. On peut même dire que la femme est le complément.

Dr Jaf (1913)

Cause toujours !

Si vous voulez que votre femme écoute ce que vous dites, dites le à une autre femme.

Jules Renard (1864-1910)

Pourquoi perdre son temps à vouloir contredire son épouse ? Il est beaucoup plus simple d'attendre qu'elle ait changé d'avis.

Jean Anouilh (1910-1987)

Un mois avant le mariage, il parle, elle écoute.
Un mois après le mariage, elle parle, il écoute.
Dix ans après le mariage, ils parlent en même temps et les voisins écoutent.

Pierre Véron (1863)

On ne prend pas une femme par le raisonnement, on ne la prend pas par la prière, on la prend tout court.

Napoléon Ier (1769-1821)

Elle n'a l'air intelligent que lorsqu'elle écoute des choses qu'elle ne comprend pas.

Jules Renard (1864-1910)

Célibataires

L'avantage d'être célibataire, c'est que, lorsqu'on se trouve devant une très jolie femme, on n'a pas à se chagriner d'en avoir une laide chez soi.

Paul Léautaud (1872-1956)

Le célibataire, quand il rentre chez lui le soir, regarde ce qu'il y a dans le frigo et va directement au lit. L'homme marié, lui, regarde ce qu'il y a dans le lit et va directement au frigo.

Peter Ustinov (1969)

Les célibataires aisés devraient être lourdement imposés. Il n'est pas juste que certains hommes soient plus heureux que les autres.

Oscar Wilde (1854-1900)

Le célibataire est un homme qui a réussi à ne pas trouver une femme.

André Prévost (1947)

L'acné prolifère sur les célibataires. Les hommes mariés se font presser les points noirs par leur femme, dans l'espoir, toujours déçu, qu'elle en recevra le contenu dans l'œil et qu'elle en crèvera. C'est eux qui en crèvent, à cause du vernis qu'elles ont sur les ongles. Les célibataires ont de l'acné, mais ils sont vivants.

François Cavanna (XXe)

Cerveau

Il est scandaleux de dire que les femmes n'ont pas de cerveau ! Si c'était vrai, comment feraient-elles pour maintenir un espace entre leurs deux oreilles ?

James Helpin (1999)

C'est un mec qui caresse le cul d'une gonzesse et qui dit : « Ah ! si t'avais ça dans la cervelle ! »

Coluche (1944-1986)

Il est permis de supposer que la petitesse du cerveau de la femme dépend à la fois de son infériorité physique et de son infériorité intellectuelle.

Paul Broca (1824-1880)

Le cerveau féminin est un sac : il transporte ce qu'on y introduit.

Nicolas Gogol (1809-1852)

Les femmes sont vraiment terribles. Pour nous conquérir, elles savent se servir des moindres choses. L'une séduit avec sa démarche, l'autre avec sa poitrine, la troisième avec ses jambes. Il y en a même qui se servent de leur cerveau.

Tristan Bernard (1866-1947)

Le cerveau d'une femme, c'est vide, c'est vaste, c'est le désert. En un mot, c'est l'aventure.

Olivier de Kersauson (XXe)

Charme

Pourquoi les femmes charmantes épousent-elles toujours des hommes insignifiants ?
Parce que les hommes intelligents n'épousent pas les femmes charmantes.

William Somerset Maugham (1874-1965)

La femme serait plus charmante si l'on pouvait tomber dans ses bras sans tomber dans ses mains.

Ambrose Bierce (1842-1914)

Sois charmante et tais-toi.

Charles Baudelaire (1821-1867)

Que de femmes molles passent pour être douces !

Mme du Châtelet (1706-1749)

On appelle charme féminin le cache-sexe de la connerie.

Julien Torma (1978)

Les femmes forment un sexe purement décoratif. Elles n'ont jamais rien à dire, mais elles le disent d'une façon charmante.

Oscar Wilde (1854-1900)

Chastes

Quand un homme dit qu'il est chaste, ça veut dire qu'il est frigide. Quand une femme dit qu'elle est chaste... mais il n'y a pas de femme disant qu'elle est chaste. Car une femme frigide n'est pas chaste.

Eugène Chavette (XXe)

La femme chaste est celle que nul n'a sollicitée.

Ovide (43 av. J.-C., 18 ap. J.-C.)

La chasteté n'est vertu que si elle est volontaire. Une fille répugnante n'est pas chaste : elle est répugnante.

Georges Elgozy (1909-1989)

De toutes les perversions sexuelles, la chasteté est la plus dangereuse.

George Bernard Shaw (1856-1950)

Les femmes sont plus chastes des oreilles que de tout le reste du corps.

Molière (1663)

Cheveux

Les femmes ne seront vraiment les égales des hommes que lorsqu'elles accepteront d'être chauves et trouveront cela distingué.

Alfred Capus (1858-1922)

On soupçonne cette bonne dame de teindre ses cheveux en noir. Mais ils étaient déjà noirs quand elle les a achetés.

Gotthold Ephraim Lessing (1729-1781)

Les femmes sont comme les cheveux : quand ils ou elles ont décidé de nous quitter, rien ne peut les retenir.

Yves Mirande (1875-1957)

La femme est un animal à cheveux longs et à idées courtes.

Schopenhauer (1788-1860)

Il paraît que les brunes sont plus intelligentes que les blondes. Je ne sais pas, moi : ma femme a été les deux !

Coluche (1944-1986)

Chiens

Aucune mâchoire de bouledogue n'est plus tenace que les doigts d'une femme qui hait.

Jean Giraudoux (1953)

On parle à une femme, on lui dit des phrases, en sachant bien qu'elle ne comprend pas, comme on parle à un chien ou à un chat.

Edmond et Jules de Goncourt (XIXe)

Plus je connais les hommes, plus j'aime mon chien. Plus je connais les femmes, moins j'aime ma chienne.

Pierre Desproges (1939-1988)

Je ne vois pas de réelle différence entre ma femme et mon chien... Sinon, peut-être, que personne n'a jamais eu l'envie de caresser ma femme !

Sydney Sinclair (1983)

La femme est assez proche de l'homme, comme l'épagneul breton. À ce détail près qu'il ne manque à l'épagneul breton que la parole alors qu'il ne manque à la femme que de se taire. Par ailleurs, la robe de l'épagneul breton est rouge feu et il lui en suffit d'une.

Pierre Desproges (1939-1988)

Clitoris

L'homme pardonne mal au clitoris d'être implanté au même endroit que sa verge, et de gonfler sous l'effet du plaisir. Il n'en faut pas plus pour engendrer une comparaison dérisoire entre les deux organes, tournant à la défaite confuse du clitoris, bien trop petit et ne parvenant pas à se redresser.

Dr Gérard Zwang (1979)

Saviez-vous le nom que porte la partie de chair inutile située tout autour du clitoris ? La femme...

Gustav Deutsch (1991)

L'ablation du clitoris parfait la féminisation en supprimant un reliquat inutile du phallus.

Marie Bonaparte (1959)

Au XVIIIe siècle, le biologiste suisse Albretch pénétra une femme qui possédait un monstrueux clitoris de 14 cm de long. Mais le record du clitoris est presque certainement 24 cm, spécimen qui fut mentionné par divers auteurs.

G. L. Simons (1978)

L'excision est agréable à Allah.

Grand Muphti de La Mecque (XXe)

Cocus

« Cocu » : chose étrange que ce petit mot n'ait pas de féminin.

Jules Renard (1902)

Moi, je vais faire trente cocus d'un seul coup, je vais coucher avec ma femme.

Ancelot (XXe)

Cocu pour cocu, autant être marié.

Marcel Achard (1962)

La plus grande saleté qu'on puisse faire à un homme qui vous a pris votre femme, c'est de la lui laisser !...

Sacha Guitry (1930)

Je connais une femme très vertueuse : elle a eu le malheur d'épouser un cocu, et depuis, elle couche avec tout le monde.

Sacha Guitry (1947)

Certains maris ne sont bons qu'à être cocus, et encore faut-il que leur femme les aide.

Georges Feydeau (1909)

Cœur

On voit dans les cœurs des femmes par les trous qu'on fait à leur amour-propre.

Jules Barbey d'Aurevilly (1808-1889)

Le cœur, chez les femmes, est un sexe au ralenti, et leur sexe un cœur qui bat.

Malcolm de Chazal (1902-1981)

J'exècre la galanterie. On peut bien vivre sans cela, parbleu ! Cette perpétuelle confusion de la culotte et du cœur me fait vomir.

Gustave Flaubert (1821-1880)

Les femmes regardent dans votre poche et non dans votre cœur.

John Dos Passos (1896-1971)

Ne cherchez jamais à atteindre le cœur d'une femme. Visez plus bas.

Maurice Donnay (1859-1945)

Elle s'était donnée des coups de canif du côté du cœur, mais trop bas. Elle s'est tailladée la cuisse.

Jules Renard (1864-1910)

Coït

Il y a dans l'acte de l'amour une grande ressemblance avec la torture ou avec une opération chirurgicale.

Charles Baudelaire (1887)

Les amours impossibles : elle est impénétrable, il est inébranlable.

Roland Bacri (XXe)

Elle a des nausées... Elle les a eues très tôt, les nausées : pendant les rapports, déjà, elle vomissait.

Patrick Timsit (XXe)

L'amour, c'était agréable pour l'homme tant que les femmes ne savaient pas que c'était agréable.

Georges Wolinski (XXe)

Avec ma femme, on a des relations sexuelles. Mais dans l'ensemble y viennent pas souvent.

Coluche (1944-1986)

Il n'y a pas de vieux messieurs, il n'y a que des femmes maladroites.

Georges Clemenceau (1841-1929)

Le rut féminin, c'est la molle palpitation d'un coquillage ; elle guette, comme la plante carnivore, le marécage où insectes et enfants s'enlisent ; elle est succion, ventouse humeuse, elle est poix et glu.

Simone de Beauvoir (1949)

J'ai connu une femme si économe en toutes choses, qu'en faisant l'amour elle regardait à sa jouissance.

Paul Léautaud (1872-1956)

Les femmes !... Il y a celles que l'on a eues... Et celles que l'on pouvait avoir et qu'on n'a pas eues. Celles-ci, c'est le chiendent.

Louis Aragon (1897-1982)

Oui, c'est vrai que j'ai baisé des choses infâmes, des femmes qui étaient en dehors du beau, c'était presque une punition : je baise cette chose immonde et j'en suis conscient, et c'est l'animal. C'est abject et misérable, mais il y a quelque chose qui se passe...

Serge Gainsbourg (1928-1991)

L'homme pourra avantageusement dire : « Oh oui oh lala ah oui ah oui » puis, deux secondes plus tard, appuyé sur un coude au-dessus de la femme pantelante, il dira : « Alors, heureuse ? » en lui soufflant sa fumée de Gauloise dans la gueule.
La femme pourra avantageusement dire : « Oh oui oh lala ah oui ah oui ah oui, encore, encore, apothéose ! » Afin de ménager la sensibilité de l'homme, elle aura intérêt à ajouter : « Oh ! Albert, c'est la première fois que je connais une tel bonheur dans les bras d'un homme. » Une simple petite phrase comme celle-ci suffit à ensoleiller la journée d'un honnête homme, sauf s'il ne s'appelle pas Albert.

Pierre Desproges (1939-1988)

Les femmes sont les instruments interchangeables d'un plaisir toujours identique.

Marcel Proust (1871-1922)

Moi dont la vie, depuis vingt-huit ans, donnait assez peu de choses à l'amour, je coïte maintenant, je coïte beaucoup, mais absolument de la même manière que d'autre boivent, par ennui, pour oublier. L'amour me donne une ou deux heures de plaisir colère, d'hébétement brut. C'est toujours une ou deux heures où je n'ai pas la conscience du temps.

Edmond de Goncourt (XIXe)

Comparaisons

Vos femmes sont pour vous comme une terre labourée : allez comme vous voudrez à votre labourage.

Mahomet (v. 570-632)

Le passé des femmes, mon cher monsieur, c'est comme les mines de houille, il ne faut pas y descendre avec une lumière, ou gare l'éboulement !

Alexandre Dumas fils (1824-1895)

On ne choisit pas sa femme. Elle vous tombe dessus ; quelques-uns ajoutent comme une tuile.

Claude Anet (XXe)

La terre, comme les femmes, n'est pas à celui qui la possède, mais à celui qui entre dedans.

Hervé Bazin (1972)

Les femmes, c'est comme les cigares, c'est le premier tiers le meilleur.

Georges Wolinski (XXe)

Une femme est comme votre ombre. Courez après, elle vous fuit ; fuyez-la, elle vous court après.

Alfred de Musset (1836)

Il comparait souvent l'amour à une partie de cartes où l'un des partenaires triche pour gagner et l'autre pour ne pas perdre.

Henri de Régnier (1929)

La femme est comme une ville : quand la prise en est si facile, elle est difficile à garder.

Jean Bertaut (1552-1611)

La femme reste pendant toute sa vie un grand enfant, une sorte d'intermédiaire entre l'enfant et l'homme, qui, lui, est le véritable être humain.

Schopenhauer (1788-1860)

Les femmes ressemblent aux maisons espagnoles, qui ont beaucoup de portes et de fenêtres. Il est plus facile d'y pénétrer que d'y voir clair.

Jean-Paul Richter (1763-1825)

Compliments

Le plus beau compliment que je puisse faire à une femme est de lui dire : « Je suis aussi bien avec toi que si j'étais tout seul. »

Jean Yanne (XXe)

– Dis-moi quelque chose de gentil... Ça, c'est la phrase la plus efficace pour te rendre muet. Muet et coupable de l'être. Tu peux toujours te creuser la tête... Bien sûr, tu passes ton bras autour de ses épaules, tu la serres tendrement, c'est plus éloquent que tous les mots gentils, mais elle insiste. Tire-toi de là tout seul, mon vieux, ne compte pas sur moi.

François Cavanna (XXe)

Les femmes adorent qu'on leur apporte des fleurs et qu'on leur dise qu'elles sont belles. Le plus difficile, c'est de ne pas rire.

Olivier de Kersauson (XXe)

Aucune chance de les séduire en leur disant : « Vous n'êtes pas mal. » Il faut aller au moins jusqu'à : « Vous êtes unique au monde », minimum qu'elles tolèrent.

Louis-Ferdinand Céline (1894-1961)

Je n'aime pas dire du mal des gens, mais elle est gentille...

Dialogues du film Le Père Noël est une ordure *(1983)*

Comprendre

Dites à une femme deux ou trois mots qu'elle ne comprenne pas, d'aspect profond. Ils la déroutent, l'inquiètent, la rendent anxieuse, la forcent à réfléchir et vous la ramènent consciente de son infériorité, sans défense... Il n'est, bien entendu, pas nécessaire que vous les compreniez vous-même.

Jules Renard (1864-1910)

Entre hommes et femmes, on peut s'éprendre, se prendre, se déprendre, on ne pourra jamais se comprendre.

Albert Willemetz (1887-1962)

Les femmes sont faites pour être aimées, non pour être comprises.

Oscar Wilde (1854-1900)

Quand un homme regarde une femme dormir, il cherche à comprendre... Quand une femme regarde dormir un homme, elle se demande à quelle sauce elle va pouvoir le manger.

Pablo Picasso (1881-1973)

Connes

Conseil à une femme pour garder un homme :
Ma chérie si tu veux garder un homme sois éperdue, pendue à ses lèvres, à son cou, à ses bras, ris de ses plaisanteries, rougis de ses gros mots, évite de comprendre ce qu'il t'explique, frissonne, gémis, pâlis, pleure, pose des questions naïves. Sois ignorante lorsqu'il est savant. Trouve son crâne chauve intelligent, son estomac confortable, sa transpiration odorante, ses ronflements berceurs, son sommeil attendrissant, son petit sexe mignon, ses éjaculations précoces pleines d'intensité, ses impuissances pleines d'enseignement. Ses fantaisies pleines d'imprévu. Valorise-le, admire-le, sois conne. Les hommes adorent les connes.

Georges Wolinski (1992)

Tant va l'homme à la cruche qu'à la fin il se case.

San-Antonio (1921-2000)

J'aurais du mal à supporter un gros con qui me glisserait une main sur la taille en me soufflant dans l'oreille une blague à double sens avec une haleine de café et de cigarette. Beaucoup de femmes supportent.

Thierry Lhermitte (XXe)

Que les femmes aient le droit d'être aussi cons que les hommes, d'accord. Je suis pour l'égalité des sexes.

Renaud (19 janvier 1992)

Conseils

Ne faites jamais l'amour le samedi soir, car s'il pleut le dimanche, vous ne saurez plus quoi faire.

Sacha Guitry (1885-1957)

N'insultez jamais une femme qui tombe : attendez qu'elle se relève.

Gabriel Timmory (XXe)

Épousez plus volontiers une petite femme qu'une grande, pour cette raison que, de deux maux, il faut choisir le moindre.

Jean-Louis Commerson (1851)

Évitez de faire l'amour avant le mariage, ça retarde la cérémonie !

Gabriel Hanoteau (1961)

Si vous désirez une femme belle, bonne et intelligente, n'en cherchez pas une, mais trois.

Oscar Wilde (1854-1900)

Contraception

Il faut que la contraception ait ses règles...

Michel Debré (1974)

Rien ne manque aux femmes, qu'une clef dans le nombril, une clef de poêle qu'on tournerait et qui les empêcherait de faire des enfants, quand on ne désirerait pas en avoir avec elles.

Edmond et Jules de Goncourt (XIXe)

Je hais la contraception. C'est une abomination. Je préférerais encore avoir ces foutus communistes chez moi. Les femmes ne sont pas nées pour être libres.

Norman Mailer (1983)

C'est un péché mortel et un horrible abus du mariage quand le mari se retire volontairement avant l'entier achèvement du coït, et répand son sperme hors du vase conjugal, afin que la conception ne puisse avoir lieu.

Abbé Louvel (XIXe)

Le meilleur préservatif, madame, c'est la laideur.

Hervé Bazin (1976)

Coups et blessures

Je rends une femme tellement heureuse que parfois, je lui flanque une gifle, tant son bonheur m'énerve.

Georges Wolinski (XXe)

Quand j'étais plus jeune, ce qui m'excitait, c'était de frapper une femme !

Alphonse Boudard (1993)

Ne frappez jamais une femme, elle en prendrait vite l'habitude et ça deviendrait fatigant.

Aurélien Scholl (1833-1902)

Dans toute femme, il y a un ange qui sommeille. Suffit de cogner assez fort pour le réveiller.

François Cavanna (XXe)

Elle lui avait donné une paire de gifles. Il lui en a rendu deux. Elle n'avait pas eu affaire à un ingrat.

Yvan Audouard (XXe)

C'est un gentleman. Il ne frapperait pas une femme avec son chapeau sur la tête.

Marcel Achard (1899-1974)

L'homme est le seul mâle qui batte sa femelle. Il est donc le plus brutal des mâles, à moins que, de toutes les femelles, la femme ne soit la plus insupportable – hypothèse très soutenable, en somme.

Georges Courteline (1927)

Tous les hommes battent les femmes : dans le peuple, c'est avec les poings, dans la bourgeoisie, c'est avec les lois.

Maurice Donnay (3 mai 1913)

Le cœur sur la main quand il faut, et la main sur la figure quand c'est nécessaire !...

Henri Jeanson (1962)

Il ne faut pas empêcher les petits garçons de battre les petites filles : ils se vengent par anticipation de tout le mal qu'elles leur feront quand elles seront devenues des femmes.

Georges Clemenceau (1841-1929)

Il faut battre une femme quand elle est chaude.

Jean Fayard (XXe)

Création

**Dieu créa l'Univers et il vit que c'était beau.
Dieu créa la Terre et il vit que c'était beau.
Dieu créa la nature et il vit que c'était beau.
Dieu créa les animaux et il vit que c'était beau.
Dieu créa l'homme et il vit que c'était beau.
Dieu créa la femme et il dit : « Bof ! Elle se maquillera ! »**

Groucho Marx

La femme remonte à la plus haute Antiquité. Elle est coiffée d'un haut chignon. C'est elle qui reçoit le facteur, qui reprise les chaussettes et fait le catéchisme aux enfants. Elle se compose essentiellement d'un chignon et d'un sac à main. C'est par le sac à main qu'elle se distingue de l'homme.

Alexandre Vialatte (1978)

La femme est le produit d'un os surnuméraire.

Bossuet (1689)

Il y a un principe bon qui a créé l'ordre, la lumière et l'homme ; il y a un principe mauvais qui a créé le chaos, les ténèbres et la femme.

Pythagore (580-500 av. J.-C.)

Cul

Il y a des femmes qui ont des culs dont elles ne sont pas dignes.

Yvan Audouard (XXe)

Elle n'a d'idées que dans le derrière.

Jules Renard (1906)

Chez l'homme, la partie la plus indigne de l'anatomie, on la botte. Chez la femme, c'est là le siège de la dignité.

Maurice Jeanneret (XXe)

Vous vous plaignez du cul des femmes qui est « monotone ». Il y a un remède bien simple, c'est de ne pas vous en servir.

Gustave Flaubert (1821-1880)

Une femme montre plus promptement son cul que son cœur.

Honoré de Balzac (1799-1850)

Elle a un beau cul et un mauvais caractère. Malheureusement, on lui voit plus souvent le caractère que le cul. C'est-à-dire que son meilleur profil, si vous voulez, elle est assise dessus.

Coluche (1944-1986)

Culture

Quand on dit d'une femme qu'elle est cultivée, je m'imagine qu'il lui pousse de la scarole entre les jambes et du persil dans les oreilles.

Sacha Guitry (1885-1957)

Il y a des femmes qui sont cultivées uniquement parce qu'elles ont été bien labourées.

Olivier de Kersauson (XXe)

La culture est à l'homme ce que le porte-jarretelles est à la femme : un atout maître qu'il faut sortir au bon moment.

François Cavanna (XXe)

Si une femme devient savante, c'est qu'il y a d'ordinaire quelque chose de déréglé dans ses organes sexuels.

Friedrich Nietzsche (1844-1900)

Oui, Bach, Mozart, Dieu, elles commencent toujours par ça. Ça fait conversation honnête, alibi moral. Et quinze jours plus tard, trapèze volant sur le lit.

Albert Cohen (1968)

D

comme

Débiles,
Déshabiller,
Devoir conjugal,
Diable,
Divorce,
Domination,
...etc.

Débiles

Il y a une telle sottise peinte sur certains visages de femmes qu'elles semblent l'enseigne même de leur stupidité.

Henri de Régnier (1929)

N'oubliez pas que faute de réflexion et de principes rien ne pénètre jusqu'à une certaine profondeur de conviction dans l'entendement des femmes ; que les idées de justice, de vertu, de vice, de bonté, de méchanceté, nagent à la superficie de leurs âmes...

Denis Diderot (1713-1784)

La débilité mentale ou la faiblesse d'esprit de la femme est non seulement une réalité, mais encore une nécessité.

Dr Paul Julius Moebius (1900)

La femme est la source divine de crétinisation de l'homme.

Salvador Dali (1904-1989)

Elles disent tout, elles ne reculent devant aucune faute, aucune sottise ; car elles ont toutes admirablement compris qu'elles ne sont responsables de rien, excepté de leur honneur féminin et de leurs enfants. Elles disent en riant les plus grandes énormités.

Honoré de Balzac (1799-1850)

Déception

**Patience !
Elles finissent toujours par nous faire une chose qui nous empêche d'avoir de l'estime pour elles.**

Sacha Guitry (1947)

Les liaisons commencent dans le champagne et finissent dans la camomille.

Valery Larbaud (1913)

La vie de l'homme n'est que pénible. La femme se charge de la rendre amère.

Georges Wolfrom (1960)

Vous êtes l'Immaculée Déception...

Henri de Régnier (1929)

Ce qu'une femme appelle « travailler à notre bonheur », c'est faire, ordinairement, tout ce qu'il faut pour le détruire.

Henri de Régnier (1929)

Je n'attendais rien d'elle. J'ai été comblé.

Yvan Audouard (XXe)

Défauts

Toutes les femmes sont fatales ; on commence par leur devoir la vie, elles finissent par causer notre perte.

Antoine Blondin (1922-1991)

Il n'y a que deux armes contre les femmes : la foi et la mauvaise foi.

Marcel Achard (1899-1974)

Les femmes nous reprochent à peu près exactement ce que nous leur reprochons : tout.

Henri de Régnier (1929)

Le Français serait heureux d'être un minable, si sa femme ne se plaignait pas tout le temps d'être la femme d'un minable.

François Cavanna (XXe)

Toutes les femmes veulent qu'on les estime, elles tiennent beaucoup moins à ce qu'on les respecte.

Alexandre Dumas (1802-1870)

Déshabiller

En matière d'amour physique, les textiles gênent plus aujourd'hui que les principes.

Philippe Bouvard (XXe)

Une femme que l'on respecte est une femme que l'on combat, que l'on force à se tenir (et Dieu sait si la majorité des femmes ont peu envie de bien se tenir une fois qu'elles ont le droit de se déshabiller tous les jours devant nous).

Hervé Bazin (1950)

Comme ça cède vite une femme d'aujourd'hui ! quel agrément ! quelle tristesse !

Paul Morand (1888-1976)

Quand elles ne savent plus quoi faire, elles se déshabillent, et c'est sans doute ce qu'elles ont de mieux à faire.

Samuel Beckett (1906-1991)

Tant de femmes se déshabillent sans aimer et tant d'hommes aiment sans se déshabiller !

Paul Morand (1888-1976)

Devoir conjugal

Les femmes, de nos jours, considèrent comme un dû ce qui, pendant des siècles, fut une corvée pour elles.

Georges Wolinski (XXe)

Les mots « devoir conjugal » disent bien ce qu'ils veulent dire.

Claude Dulong (XXe)

Pauvre petite femme ! Ça bâille après l'amour, comme une carpe après l'eau sur une table de cuisine.

Gustave Flaubert (1821-1880)

Oh ! tu sais, des femmes qui aiment se faire tringler, je suis sûre qu'il n'y en a pas une sur cent : c'est un genre qu'elles se donnent, par snobisme.

Simone de Beauvoir (1954)

Si l'on applique un stéthoscope sur le ventre d'une femme en train de se livrer à l'acte sexuel, on entend, au moment précis où un seul spermatozoïde sur neuf cents millions parvient à s'unir à l'ovule, un immense cri de déception.

François Cavanna (XXe)

Diable

Joli paradoxe : la femme est le chef-d'œuvre de Dieu, surtout quand elle a le diable au corps.

Alphonse Allais (1854-1905)

Dieu a inventé le concubinage, Satan le mariage.

Francis Picabia (1879-1953)

Dieu a laissé discuter un ange. Il a eu Satan. L'homme a laissé discuter sa femme. Il a eu la femme.

Jean Giraudoux (1882-1944)

S'il y a un paradis, elle n'aura pas la chance d'y aller. Si elle va en enfer, elle y est habituée.

Jules Renard (1906)

L'alliance de Dieu avec le diable est immanquable dans la tête d'une femelle vaine, faible, voluptueuse et craintive.

Casanova (1725-1798)

Lorsque vous voyez une femme, songez que ce n'est ni un être humain ni une bête féroce, mais le diable lui-même.

Saint Antonin (1389-1459)

Dieu & Cie

Dieu a crée l'homme à son image, et la gonzesse à l'idée qu'il s'en faisait. Ça peut paraître dégueulasse, mais ça partait d'un bon sentiment.

Coluche (1944-1986)

J'ai toujours été étonné qu'on laissât les femmes entrer dans les églises. Quelle conversation peuvent-elles tenir avec Dieu ?

Charles Baudelaire (1821-1867)

Le christianisme a beaucoup fait pour l'amour en en faisant un péché.

Anatole France (1844-1924)

Elles n'étaient en fin de compte que des femmes : celles à qui Dieu avait pensé après coup.

Nancy Zaroulis (1980)

Les confessions ont pour première conséquence de confirmer les prêtres dans leur célibat.

Georges Elgozy (1909-1989)

Si la femme était bonne, Dieu en aurait une.

Sacha Guitry (1947)

Les curés sont consolés de ne pas être mariés, quand ils entendent les femmes se confesser.

Armand Salacrou (1899-1989)

Elle était salope à faire divorcer un curé fraîchement marié.

San-Antonio (1921-2000)

Je suis allé à Lourdes avec ma femme. Il n'y a pas eu de miracle. Je suis revenu avec.

Seymour Brussels (1970)

Aujourd'hui, il n'y a plus que les prêtres qui veulent se marier.

Louise de Vilmorin (1902-1969)

En vérité, si les femmes faisaient pour Dieu ce qu'elles s'imposent pour sauvegarder leur ligne, il n'y aurait point à s'inquiéter de leur salut.

François Mauriac (1934)

Discrétion

Seigneur, c'est vous qui m'avez donné, dans l'époux auquel vous m'avez uni, un guide pour mon inexpérience, un protecteur pour ma faiblesse. Faites qu'après le bonheur de vous plaire, l'attachement à mon mari, le soin de le rendre heureux m'occupent tout entière. Faites que par l'abnégation de la volonté, la déférence à ses moindres désirs, je rende sa vie agréable et douce.

Comtesse de Flavigny (1861)

Être docile est une vertu féminine. Le rôle de la femme est d'être effacée sans pour cela rejeter toute personnalité.

Sophie Marceau (1993)

J'aime les femmes distantes, mais de près.

Jean Giraudoux (1882-1944)

Sujettes aux maux les plus atroces et les plus fréquents, nous, les femmes, devons les dissimuler, les soigner dans le secret, en souriant presque, pour ne pas ennuyer les hommes, qui ne sont pas très aptes à éprouver une longue pitié efficace et dévouée.

Bernadette Jouvin (1907)

La dignité d'une femme est de rester inconnue.

Jean-Jacques Rousseau (1712-1778)

Divorce

Payer une pension alimentaire revient à donner de l'avoine à une jument morte.

Groucho Marx (XXe)

Se marier à l'église et à la mairie, c'est ficeler un paquet avec un double nœud. On a tellement peur que ça ne tienne pas.

André Birabeau (XXe)

On se marie par manque de jugement. Puis on divorce par manque de patience. Enfin, on se remarie par manque de mémoire

Armand Salacrou (1899-1989)

Les femmes divorcent volontiers pour se prouver qu'elles sont libres de changer de maître.

Georges Simenon (1903-1989)

C'est une honte pour notre société, une marque de déchéance que la femme puisse demander le divorce pour incompatibilité d'humeur ou violences du mari. Si l'homme a reçu la supériorité d'intelligence sur la femme, c'est pour en user.

Pierre-Joseph Proudhon (1809-1865)

Un motif de divorce ? Oh ! oui, maître : je suis marié.

Me Émile Pollak (XXe)

**Quelle est la différence entre une divorcée et un pitt-bull ?
– Le pitt-bull, on arrive toujours à lui faire lâcher les gosses.**

Frédéric André (2000)

Je vais donc vivre enfin seul ! Et, déjà, je me demande avec qui.

Sacha Guitry (1947)

Je dois avouer que, lors de mon divorce, les torts étaient partagés : 50 % des torts à ma femme et 50 % à sa mère.

François Olléry (1970)

Avant de divorcer, examine bien si ton divorce laissera ta richesse intacte. S'il doit la réduire, abstiens-toi. Mieux vaut être cocu que pauvre.

René Lobstein (XIXe)

Un mariage est fait pour être foutu. On se marie pour échouer. Et, tant qu'à faire, le plus tôt est le mieux.

François Cavana (XXe)

Domestiques

L'homme intelligent doit considérer la femme comme une propriété, un bien qu'il faut mettre sous clef, un être fait pour la domesticité et qui n'atteint sa perfection que dans la situation subalterne.

Friedrich Nietzsche (1844-1900)

Les femmes n'ont été créées que dans le seul but de servir les hommes et de les aider.

Martin Luther (1483-1546)

Pour moi, la femme idéale, c'est la femme corrézienne, celle de l'ancien temps, dure à la peine, qui sert les hommes à table, ne s'assied jamais avec eux et ne parle pas.

Jacques Chirac (XXe)

Le bonheur ne se trouve que dans les saints devoirs de la famille, dans les douces joies du foyer domestique. C'est, je vous le répète, jeunes filles, l'unique mission que Dieu donne à la femme.

Comtesse de Bassainville (1850)

La main qui, samedi, tient un balai est celle qui, dimanche, caresse le mieux.

Johann Wolfgang von Goethe (1806)

Mesdames, vaut mieux une chiée de types qui posent leur pantalon en votre honneur, qu'un seul qui vous le fait repasser.

San-Antonio (1921-2000)

Elle, si délicate, se croit tenue de me poser des questions balourdes, imbéciles, comme en poserait une bonne prise en faute. Les femmes ont des natures de domestiques.

Louis Ferdinand Céline (1932)

La femme est notre propriété, nous ne sommes pas la sienne ; car elle nous donne des enfants, et l'homme ne lui en donne pas. Elle est donc sa propriété tout comme un arbre dont la production de fruits appartient au jardinier.

Napoléon Ier (1769-1821)

Une femme ne doit quitter sa maison que trois fois : pour son baptême, pour son mariage, et pour son enterrement.

Thomas Fuller (1608-1661)

Domination

Le Seigneur Dieu dit à la femme : « Je ferai qu'enceinte, tu sois dans de grandes souffrances. C'est péniblement que tu enfanteras des fils. Tu seras avide de ton homme et lui te dominera. »

La Bible

Si on est une femme normale, on aime bien être dominée. C'est la loi.

Danièle Gilbert (1993)

Avant toute cette merde féministe, l'homme et la femme connaissaient leur rôle dans leur couple. Aujourd'hui, trop de femmes veulent porter la culotte. L'homme est dominant, à beaucoup d'égards, et les femmes qui le refusent se font beaucoup d'illusions...

Mel Gibson (XXe)

Une vraie femme sait qu'elle doit être dominée.

André Suarès (1929)

La femme, esclave vile, orgueilleuse et stupide.

Charles Baudelaire (1821-1867)

Donner

Elle s'est donnée à moi – et c'est elle qui m'a eu.

Sacha Guitry (1947)

Les filles
Ça vous donne son corps
Ça se donne si fort
Que ça donne des remords
Mais les chiens
Ça ne vous donne rien
Parce que ça ne sait pas
Faire semblant de donner...

Jacques Brel (1929-1978)

La plus belle fille du monde ne peut donner que ce qu'elle a... Mieux vaut souvent qu'elle le garde !

Paul Valéry (1939)

Qu'est-ce qu'une femme honnête ? Celle qui donne ce que les autres vendent.

Comtesse Diane (1895)

La vérole, les conseils, les leçons, les désillusions et les vieilles chaussures sont les seules choses que donnent volontiers les hommes. Plus prodigues, les femmes se donnent aussi. Lorsqu'elles ne réussissent plus à se vendre.

Georges Elgozy (1909-1989)

EF

comme

Emmerdeuses,
Enfants,
Étrangères,
Féministes,
Fesses,
Frigides,
...etc.

Écrivaines

Il faut avoir vu le manuscrit dactylographié, revu par elle, d'une femme qui « écrit » – sans ponctuation, sans orthographe, les noms estropiés, les alinéas au petit bonheur, etc. – pour se faire une idée saisissante du chaos que peut être une cervelle féminine.

Henry de Montherlant (1895-1972)

Se peut-il qu'une femme écrive des livres ? En général ce n'est pas leur affaire, bien que plusieurs d'entre elles puissent écrire, souvent avec plus de bon sens que tels ou tels écrivains. Mais est-il d'ailleurs toujours nécessaire de publier ce qu'on écrit ?

Mgr Dupanloup (1802-1878)

Femmes de lettres, leur laideur... Les plus jeunes ont des allures masculines : on dirait qu'elles font de la littérature pour faire les hommes.

Jules Renard (1902)

La manie d'écrire fait chaque jour des progrès déplorables chez les femmes. Jadis ces dernières se bornaient à parler chiffons dans leurs livres, elles faisaient quelquefois de légères incursions dans le domaine du roman, mais elles se gardaient bien de toucher aux questions philosophiques, psychologiques, sociales et autres. Aujourd'hui tout est changé et la manie d'écrire a supprimé complètement les sexes.

L'Écho (16 mai 1886)

Égalité

L'égalité des sexes, ce sera le jour où il y aura autant d'hommes que de femmes qui achèteront « Voici ».

Albert du Roy (1997)

La femme sera vraiment l'égale de l'homme le jour où, à un poste important, on désignera une femme incompétente.

Françoise Giroud (1983)

Je conviendrais bien volontiers que les femmes nous sont supérieures - si cela pouvait les dissuader de se prétendre nos égales.

Sacha Guitry (1885-1957)

Les hommes naissent libres et égaux en droits. Seulement par la suite, il y en a qui se marient.

Marcel Jouhandeau (1888-1979)

Il reste encore beaucoup à faire pour que la condition des femmes soit aussi mauvaise que la nôtre.

André Frossard (1994)

Un monsieur qui appelle sa femme « ma moitié » donne tout de suite une idée de ce que peut être le tout.

Charles Narrey (XXe)

J'essaie de réprimer mes pulsions hormonales, mais je ne me laisserai pas castrer par la pseudo-égalité des sexes !

Jack Nicholson (1997)

Une femme qui se croit intelligente réclame les mêmes droits que l'homme. Une femme qui est intelligente y renonce.

Colette (1873-1954)

L'égalité dans les études, l'école, les sciences, les sports et les concours fait monter dans le cœur de bien des femmes des sentiments d'orgueil. Prenez garde à ces paroles de serpent, de tentation, de mensonge : ne devenez pas d'autres Ève.

Pie XII (1948)

Emmerdeuses

Il ne faut pas confondre... L'emmerdeuse, c'est celle qui commande un café et qui rappelle le garçon pour prendre un Perrier. L'emmerdante, c'est celle qui cuisine pendant des heures pour vous mitonner un dîner mais qui vous présente l'addition pendant quinze jours. L'emmerdeuse, c'est du champagne. L'emmerdante, c'est de la camomille.

Claude Sarraute (1992)

Pour garder un homme, pour l'enchaîner, pour s'assurer éternellement de lui, il n'y a pas deux moyens : il faut l'emmerder. Les unions heureuses sont à ce prix. Les bonnes filles qui croient qu'on retient un homme en étant gentille, en fermant les yeux sur ces frasques, en ayant toujours le sourire, sont plaquées au bout de six mois.

Jean Dutourd (XXe)

Trois variétés de femmes : les emmerdeuses, les emmerdantes, les emmerderesses. Cette dernière catégorie comprenant celles qui amènent l'homme à la passivité totale.

Paul Valéry (1871-1945)

Je veux bien être embêté par les femmes, mais pas tout le temps par la même.

Alfred Capus (1858-1922)

Enfants

S'il y a des gens qui ont dix-huit filles, ça fait un golf !

Christophe Dechavanne (XXe)

J'ai des moutards partout. Je les ai tous reconnus. Il n'y a que les mères que je ne reconnais plus.

Guy Bedos (XXe)

La femme rend lâche... C'est elle qui conseille au gréviste de rentrer à l'usine, à l'artiste de faire du commerce, au soldat de plier le dos. Parce qu'elle ne pense qu'à la pâtée, qu'elle a un pot-au-feu dans le cœur. Faites-en... une machine à plaisir, mais pas un moule à gosses.

Roland Dorgelès (1886-1973)

C'est une femme qui dit à son mari :
– Je crois que la petite a mon intelligence.
– Sûrement, parce que moi j'ai encore la mienne !

Coluche (1944-1986)

L'homme pisse l'enfant et la femme le chie.

Edmond et Jules de Goncourt (XIXe)

Pour parler de sa femme, il montrait ses enfants du doigt en disant : « C'est tout ce que j'ai pu en tirer... »

Jean-Paul Costes (1999)

Je n'aime pas les femmes qui font l'enfant – à l'exception, bien entendu, des femmes enceintes de neuf mois.

Sacha Guitry (1947)

– Toujours dans les jupes de sa mère !
– Il s'y fera des relations...

Georges Feydeau (1862-1921)

Une jolie fille ne doit s'occuper que de foutre et jamais d'engendrer.

Marquis de Sade (1740-1814)

Il paraît qu'il y a dans le cerveau des femmes une case de moins et dans leur cœur une fibre de plus que chez les hommes. Il fallait une organisation particulière pour les rendre capable de supporter, soigner, caresser des enfants.

Sébastien Chamfort (1740-1794)

– Tu sais que je marie bientôt ma fille ?
– Oh, putain !
– Non, pas celle-là, l'autre...

Fernandel (1955)

Que peut bien laisser derrière lui un couple, hormis des gosses ? Des taches !

San-Antonio (1999)

Pourquoi certaines femmes refusent-elles d'avoir plus de quatre enfants ?
- Parce qu'elles ont lu que, sur cinq enfants qui viennent au monde, il y a un Chinois...

Bruno Masure (1999)

Les femmes ne sont que des machines pour produire des enfants.

Napoléon Ier (1769-1821)

Ennui

Les femmes veulent être aimées, et quand on les aime, on les tourmente et on les ennuie.

Anatole France (1844-1924)

Une femme disait à un de ses amis pour s'excuser de ses amants : « Qu'est-ce que vous voulez que je fasse quand il pleut et que je m'ennuie ? »

Edmond et Jules de Goncourt (XIXe)

Dieu créa l'homme, puis il eut peur qu'il ne s'ennuyât et lui donna la femme. Peu après, pris de remords, Dieu eut peur qu'elle ne l'ennuyât et lui envoya le tabac.

Mark Twain (1835-1910)

Je réveille souvent Arielle la nuit pour lui lire une page que je viens d'écrire, jamais elle ne se plaint.

Bernard-Henri Lévy (XXe)

**Le célibat ?
On s'ennuie.
Le mariage ?
On a des ennuis.**

Sacha Guitry (1947)

Je n'ai eu de cette femme que le plaisir d'en avoir des ennuis, disait-il.

Henri de Régnier (1929)

Ne rentrez jamais chez vous à l'improviste : si votre femme n'est pas seule, vous l'ennuierez ; si elle est seule, vous vous ennuierez.

Paul Léautaud (1872-1956)

L'ennui est chez les femmes un bâillement du sexe.

Malcolm de Chazal (1902-1981)

Pour la plupart des gens, l'amour est devenu une chose si ennuyeuse qu'on se met à plusieurs pour en venir à bout.

Paul Morand (1888-1976)

Le mariage n'est souvent qu'un échange de grognements réciproques durant le jour et de ronflements pendant la nuit. C'est de l'ennui à deux.

Jean-Louis Commerson (1851)

Épouse

Une femme mariée est une femme qui n'a pas le courage de faire le trottoir.

Olivier de Kersauson (XXe)

Je me demande, au reste, si les femmes mariées savent mesurer leur déchéance. Du jour au lendemain, la plupart d'entre elles se dépouillent, se neutralisent, s'aplatissent, se coulent suivant l'image exacte de leur mari.

Henri Troyat (XXe)

Le destin de la femme doit rester ce qu'il est : dans sa jeunesse, celui d'une délicieuse et adorable chose ; dans l'âge mûr, celui d'une épouse aimée...

Sigmund Freud (1856-1939)

La femme ne peut être qu'épouse ou mère : sinon elle est un monstre.

Bonaparte (29 Brumaire an II)

Il présentait sa femme en disant : « Mon ordinaire. »

Jules Renard (1864-1910)

Elle se marie.
– Contre qui ?

Dancourt (1692)

L'unique différence qui sépare l'épouse de la prostituée : elle se prostitue à un seul homme plutôt qu'à plusieurs, ce qui est plus tolérable.

Saint Jérôme (v. 347-420)

Monte d'un degré pour choisir ton ami ; descends d'un degré pour choisir ta femme.

Le Talmud

Quand un homme et une femme sont mariés, ils ne deviennent plus qu'un ; la première difficulté est de décider lequel.

George Bernard Shaw (1856-1950)

Épouse : mot tombé en désuétude, beaucoup trop patriarcal. À remplacer impérativement, mais au choix, par « travailleuse maritale non rémunérée », « survivante de l'incarcération domestique » ou même « prostituée légalisée ».

André Santini (1996)

Étrangères

Les nations disparues, la Grèce, Rome et l'Orient, ont toujours séquestré la femme : la femme qui aime devrait se séquestrer d'elle-même...

Honoré de Balzac (1799-1850)

Portugaises... Merci d'être velues !

San-Antonio (1921-2000)

Est-il nécessaire de parler des Portugais, un peuple qui se nourrit d'ail et dont les femmes ont tellement de moustache que si Picasso les avait peintes, on aurait du mal à reconnaître une lèvre d'un dessous de bras.

Philippe Val (1991)

La sensualité de la femme allemande... J'ai vu rarement un appel à la braguette avec une telle cochonnerie de l'œil, une telle appétence suceuse des lèvres.

Edmond et Jules de Goncourt (XIXe)

Cette femme me faisait penser à la Hollande : désespérément plate avec un arrière-goût de fromage.

Michel Audiard (1968)

Elles ont le droit de vote, les femmes algériennes. Si le père, le frère, le mari sont d'accord, elles l'ont ! En plus, avec le voile islamique et tout le tissu qu'on leur fout sur la gueule et sur le cul, ça leur fait un isoloir portatif, c'est très pratique.

Guy Bedos (XXe)

L'Anglaise n'a pas de poitrine. Et malgré tout le pudding qu'elle s'enfourne quotidiennement dans le cornet, ce n'est jamais en haut qu'elle prend des kilos. Car le pudding, c'est deux secondes dans la bouche, vingt ans sur les hanches. Autour de trente ans, les deux ridicules poupounes de l'Anglaise se transforment en gants de toilette pour nain, avec à peine un petit morceau de savonnette d'hôtel à l'intérieur. Voilà la raison culturelle profonde qui explique pourquoi l'Anglais est aigri.

Philippe Val (1991)

Quand on a vu beaucoup d'Allemandes, qu'une vraie vache fait plaisir !

Paul Claudel (1868-1955)

Les femmes russes n'éprouvent jamais autant de plaisir que lorsqu'elles reçoivent une raclée des mains de leurs maris.

J. Richardson Parke (1906)

– Vous est-il arrivé de forniquer avec une Hollandaise, bon ami ?
– Parfois.
– Et vous préférez leur fromage, non ?

San-Antonio (1981)

Les femmes italiennes ont le sexe sur la figure.

Stendhal (1783-1842)

Les machines sont les seules femmes que les Américains savent rendre heureuses.

Paul Morand (1888-1976)

Les jambes des Espagnoles sont courtes et les fesses, abondantes et basses, évoquent, même quand le corps est en mouvement, l'image d'une femme bâtie pour s'asseoir.

V.G. Rossi (1936)

Le statut de réfugiées politiques ne doit pas servir aux Ghanéennes à se faire sauter dans le bois de Boulogne !

Robert Pandraud (1987)

Faiblesse

Les femmes ne sont jamais plus fortes que lorsqu'elles s'arment de leur faiblesse.

Mme du Deffand (1751)

De temps à autre, elles ont douze ans. Mais qu'un événement grave se produise – et crac ! elles en ont huit.

Sacha Guitry (1947)

En général, la femme est bien moins forte que l'homme, moins capable de longs travaux ; son sang est plus aqueux, sa chair moins compacte, ses cheveux plus longs, ses membres plus arrondis, les bras moins musculeux, la bouche plus petite, les fesses plus relevées, les hanches plus écartées, le ventre plus large. Ces caractères distinguent les femmes sur toute la terre, chez toutes les espèces, depuis la Laponie jusqu'à la côte de Guinée, en Amérique comme en Chine...
Il n'est pas étonnant qu'en tout pays l'homme se soit rendu maître de la femme, tout étant fondé sur la force. Il a d'ordinaire beaucoup de supériorité par celle du corps et même de l'esprit.

Voltaire (1694-1778)

L'histoire de la femme est l'histoire de la pire forme de tyrannie que le monde ait jamais connue : la tyrannie du faible sur le fort. C'est la seule tyrannie qui perdure.

Oscar Wilde (1854-1900)

Famille

Une vraie famille chrétienne, pour respecter les vœux divins, ne devrait pas avoir moins de quinze enfants, dont douze au moins seraient vivants.

Abbé Niolet (1849)

Je préfère l'incinération à l'enterrement, et les deux à un week-end avec ma famille.

Woody Allen (XXe)

Un des plus clairs effets de la présence d'un enfant dans le ménage est de rendre complètement idiots de braves parents, qui, sans lui, n'eussent peut-être été que de simples imbéciles.

Georges Courteline (1927)

La première partie de notre vie est gâchée par nos parents et la seconde par nos enfants.

Clarence Darrow (XXe)

Les femmes bêtes deviennent des bêtes dès qu'elles ne sont plus tenues en laisse par la famille, par les conventions.

François Mauriac (1885-1970)

Féminisme

Sans le féminisme, je n'aurais jamais deviné que ma femme était opprimée et que j'étais un sale phallocrate.

Georges Wolinski (1992)

Si les femmes n'existaient pas, les choses iraient enfin dans l'intérêt des femmes [...] Le féminisme et l'antiféminisme sont les plaies du genre humain ; le remède est évident, simple, logique : il faut supprimer les femmes.

Amélie Nothomb (1992)

Le meilleur mouvement féministe est celui des hanches.

O Giobo, *journal brésilien (1992)*

Les féministes, vous êtes moches. Méfiez-vous, mes belles, de toutes ces bréhaignes, stériles et affamées, de toutes ces affreuses, ces vioques, ces mal baisées, de ces profs de philo à la retraite qui ne veulent vous entraîner dans cette nouvelle guerre de libération que parce qu'elles crèvent d'envie de vous voir heureuses, équilibrées !

Jean Lartéguy (1972)

Je n'ai jamais réussi à définir le féminisme. Tout ce que je sais, c'est que les gens me traitent de féministe chaque fois que mon comportement ne permet plus de me confondre avec un paillasson.

Rebecca West (XXe)

Article 9 : Nous voulons glorifier la guerre – seule hygiène du monde – le militarisme, le patriotisme, le geste destructeur des anarchistes, les belles Idées qui tuent, et le mépris de la femme.
Article 10 : Nous voulons démolir les musées, les bibliothèques, combattre le moralisme, le féminisme et toutes les lâchetés opportunistes et utilitaires.

Manifeste du Futurisme (1909)

Féministes... Toutes ces sinistres descendantes de Simone de Beauvoir ne sont qu'une lugubre cohorte de suffragettes mal baisées, mal fagotées, dévoreuses d'hommes, aux incisives terrifiantes, brandissant moralement des clitoris monstrueux... Ce sont des ovariennes cauchemardesques ou des syndicalistes de la ménopause.

Pascal Jardin (1993)

Une femme, une vraie femme, c'est une femme avant tout qui n'est pas féministe.

Sacha Guitry (1947)

Les féministes, elles travaillent, picolent, conduisent comme des mecs, et après, elles s'étonnent qu'on les encule...

Patrick Timsit (1992)

On dit aussi que je suis anti-machin, comment déjà ? M.L.F. Mais bon Jésus, y a de quoi ! Elles auront beau dire, beau faire, elles pisseront jamais sur l'évier, ne soulèveront jamais des haltères de deux cents kilos et le reste, tout l'immense reste. Que je les comprends pas, ces connasses rebiffeuses, de vouloir se faire les égales de l'homme, alors qu'elles lui sont tellement supérieures !

San-Antonio (1921-2000)

Pour ma part, je prends au sérieux – et au pied de la lettre – les excès des porte-parole d'un féminisme outrancier, tout comme j'avais, il y a un demi-siècle, pris d'emblée au sérieux les extravagantes menaces d'Hitler...

G. Devereux (1982)

J'ai jamais pu encadrer les féministes... Ces salopes n'arrêtent pas de parler de vaisselle et de partage des tâches ; elles étaient littéralement obsédées par la vaisselle. Parfois elles prononçaient quelques mots sur la cuisine ou les aspirateurs ; mais leur grand sujet de conversation, c'était la vaisselle. En quelques années, elles réussissaient à transformer les mecs de leur entourage en névrosés impuissants et grincheux.

Michel Houellebecq (1998)

Femme

Il n'est pas possible de vivre avec ces pestes ; il n'est pas non plus possible de vivre sans ces pestes.

Aristophane (450-386 av. J.-C.)

Il vaut mieux qu'un seul homme voie le jour plutôt qu'un millier de femmes.

Euripide (480-406 av. J.-C.)

Je suis heureuse de ne pas être un homme, car si cela était, je serais obligée d'épouser une femme.

Mme de Staël (1766-1817)

L'homme est une machine si compliquée que parfois on n'y comprend rien, surtout si cet homme est une femme.

Fedor Dostoïevski (1821-1881)

Toutes les femmes devraient mourir de honte à la seule pensée d'être femme.

Saint Clément d'Alexandrie (v.150-215)

Dire que j'ai aimé, moi aussi, ces petites bêtes malfaisantes et malades...

Jean Lorrain (1901)

Fesses

Si les femmes
étaient sans fesses
qu'est-ce
que nous ferions
de nos mains,
pauvres humains !

Raoul Ponchon (1939)

Tu n'es pas encore empâtée. Mais tu n'as déjà plus la fesse spirituelle.

Marcel Achard (1935)

La patrie, l'honneur, la liberté, il n'y a rien : l'univers tourne autour d'une paire de fesses, c'est tout...

Jean-Paul Sartre (1905-1980)

Combien de femmes adultères s'estiment-elles vierges après s'être lavé les fesses ?

San-Antonio (1921-2000)

La beauté pour une femme, c'est d'être aussi bien de fesses que de face.

Raymond Queneau (1903-1976)

Fidélité

La fidélité ? Qu'est-ce que ça veut dire « la fidélité » ? Là où la chèvre est attachée, il faut bien qu'elle broute.

Paul Préboist (XXe)

Il était une fois un homme fidèle... C'est une belle histoire. Il était une fois une femme fidèle... C'est un conte de fées !

Maurice Jeanneret (XXe)

La fidélité est à la vie sentimentale ce que la logique est à la vie intellectuelle, un aveu d'échec.

Oscar Wilde (1854-1900)

– Regarde-le : c'est un mari fidèle.
– Oui, mais il n'y a pas d'homme plus triste sur la terre.

Jules Renard (1901)

Tu sais quand on peut commencer à avoir des doutes sur sa femme ? Quand on habite Rouen, qu'on déménage à Montélimar et qu'on a toujours le même facteur !

Coluche (1944-1986)

Il y a des femmes qui n'aiment pas faire souffrir plusieurs hommes à la fois et qui préfèrent s'appliquer à un seul : ce sont les femmes fidèles.

Alfred Capus (1858-1922)

Fidèle. Hélas, ce n'est plus qu'un nom de chien.

Georges de Porto-Riche (XXe)

La fidélité en amour n'est que la paresse du désir.

Henri de Régnier (1929)

Mais, mon cher, vous connaissez les femmes, la fidélité, elles croient que ça signifie quelque chose...

Dialogues du film La Fin du jour *de Julien Duvivier (1939)*

Les femmes fidèles sont toutes les mêmes, elles ne pensent qu'à leur fidélité et jamais à leurs maris.

Jean Giraudoux (1929)

Fleurs

Les paysannes sont comme les fleurs des champs : sous le nez, ça ne sent rien, ou ça sent mauvais.

Jules Renard (1864-1910)

J'attends une vraie bonne occasion pour offrir des fleurs à ma femme. Son enterrement, par exemple...

Benny Hill (1990)

Si vous battez une femme avec une fleur, prenez plutôt une rose, sa tige a des épines.

Henri de Régnier (1927)

La femme ne devrait vivre qu'une saison sur quatre, comme les fleurs. Elle reparaîtrait tous les ans.

Jules Renard (1864-1910)

Il ne faut jamais battre une femme, même avec une fleur. Ça abîme la fleur.

Gabriel Timmory (XXe)

Frigides

Un docteur avec qui il parlait lui a affirmé que sur cent femmes, il s'en trouvait à peine dix qui fussent vraiment sensuelles... Cette absence de sensualité chez la femme lui communique, pour dominer l'homme, une force immense. Elle le sait, et elle en profite tant qu'elle peut.

Albert Samain (1939)

Il est faux que les femmes frigides vivent plus longtemps que les autres. Simplement, le temps leur semble plus long.

François Cavanna (XXe)

La frigidité est toujours guérissable ; il suffit de trouver la cause ; elle peut être liée à la personnalité du partenaire, un mari lépreux, ou vidangeur...

François Cavanna (XXe)

Une femme, c'est comme un cigare, il faut souvent la rallumer.

Artur Rubinstein (1886-1982)

Il y a trois choses dans la vie, que je ne supporte pas : le café brûlant, le champagne tiède et les femmes froides.

Orson Welles (1915-1985)

Leur frigidité leur monte au cerveau et se fait agressive. Fuyez !

Gabriel Chevallier (1895-1969)

On n'allume pas un iceberg.

Marcel Achard (1935)

Quand on veut embrasser une femme frigide, on a l'air de vouloir écarter de la neige.

Jules Renard (1895)

Pour l'homme, la femme frigide est à l'image d'une piscine trop fraîche : on met du temps à y rentrer. Pour en ressortir très vite !

Bruno Masure (XXe)

Fruits et légumes

La jeune fille bien élevée est le seul animal qui rougit en voyant une banane.

François Cavanna (XXe)

Le cœur d'une femme est un noyau de pêche. On la mord à pleine bouche, et, tout à coup, on se casse les dents.

Jules Renard (1864-1910)

Une pomme par jour éloigne le médecin, affirme un vieux proverbe. Une pomme par jour éloigne aussi la femme. Surtout si l'on vise bien.

Pierre Dac (1966)

Il y a cette différence entre un cornichon et un mari, que l'un se confit dans son entier et l'autre dans sa moitié.

Jean-Louis Commerson (1851)

Chez les femmes, c'est comme chez les artichauts : le cœur est sous les poils.

San-Antonio (1921-2000)

GH

comme

Génie,
Grosses,
Grossesse,
Homosexuels,
Horreur !,
Hygiène,
...etc.

Gastronomie

L'amour, c'est comme le potage : les premières cuillerées sont trop chaudes, les dernières sont trop froides.

Jeanne Moreau (XXe)

Le corps de la femme est comme le garde-manger des plaisirs de l'homme : quoi de plus simple que de mettre un cadenas au garde-manger ?

Dr Fauconney (1928)

Les belles gonzesses, c'est comme le camembert, on ne peut pas les garder longtemps.

Pierre Perret (XXe)

Les femmes, c'est comme la soupe, il ne faut pas les laisser refroidir.

Jean Anouilh (1910-1987)

Pour une garce c'en était une vraie. Faut ça d'ailleurs pour faire bien jouir. Dans cette cuisine-là, celle du derrière, la coquinerie, après tout, c'est comme le poivre dans une bonne sauce, c'est indispensable et ça lie.

Louis-Ferdinand Céline (1932)

Tous les ans, ma femme attend impatiemment novembre pour goûter le Coca-Cola nouveau.

Thierry Janvier (1994)

Avant de demander la main d'une jeune fille, regardez-la manger des artichauts.

Louis Teissier du Cros (XXe)

Ma femme ne peut plus manger d'œufs durs : elle a égaré la recette.

Jean-François Remonté (1999)

Il y a trois sortes de choses qu'une femme est capable de faire avec rien : un chapeau, une salade et une scène de ménage.

Mark Twain (1835-1910)

Génie

Les femmes n'ont fait aucun chef-d'œuvre dans aucun genre... Elles n'ont inventé ni l'algèbre, ni les télescopes, ni les lunettes achromatiques, ni la pompe à feu, ni le métier à bras, etc.

Joseph de Maistre (1753-1821)

Les femmes n'aiment aucun art, ne se connaissent à aucun et n'ont aucun génie.

Jean-Jacques Rousseau (1712-1778)

Le génie est mâle.

Edmond et Jules de Goncourt (XIXe)

Toute œuvre forte de la civilisation est un fruit du génie de l'homme.

Jules Michelet (1798-1874)

Il y a des femmes de talent : aucune n'a cette folie dans le talent qu'on appelle le génie.

Simone de Beauvoir (1949)

Comment appelle-t-on une femme qui prétend avoir un quotient intellectuel nettement au-dessus de la moyenne ?
– Une menteuse !

Bernard Thévenin (1998)

Girouettes

Toutes les femmes sont pareilles, rebelles à la logique, impénétrables à la raison, déroutant toute analyse. Quand on veut savoir pourquoi elles agissent, ce n'est pas en elles qu'il faut regarder, mais à côté, ce n'est pas leur nature qu'il faut discerner, mais des influences voisines qu'elles ne connaissent pas elles-mêmes. Lorsqu'une girouette tourne au vent, est-ce parce qu'elle est en fer, en tôle, en bois, en cuivre ou en acier qu'elle tourne, ou bien parce que le vent l'agite ? Démontez la girouette et vous ne verrez rien, cherchez d'où vient le vent, vous comprendrez ! Pareille aux flèches pivotantes de nos toits, la femme de tous les continents, de toutes les classes, est, malgré elle, malgré ce qu'elle peut avoir de raison, le jouet souple et docile de sa sensibilité et de ses nerfs, l'œuvre maniable des événements, des milieux, de tous les effleurements innombrables et de toutes les émotions dont tressaille son âme ou sa chair.

Guy de Maupassant (1850-1893)

Elle flotte, elle hésite ; en un mot, elle est femme.

Jean Racine (1639-1699)

Les femmes ressemblent aux girouettes : elles se fixent quand elles se rouillent.

Voltaire (1694-1778)

Grosses

La femme très grasse suppose ordinairement de l'apathie, du dédain, de la nonchalance. Pliant sous le poids de son embonpoint, elle semble répugner à accepter d'autres charges. Son cœur est d'ailleurs comme asphyxié de substances huileuses, et tous ses esprits ne sont conséquemment pas assez raréfiés pour entendre le langage subtil du sentiment. Avec cette sorte de femmes, il faut séduire par le chemin de la gastronomie, ne pas épargner les fins morceaux, le coq de bruyère, le pâté de Pithiviers, d'Amiens, de Strasbourg, les liqueurs de Toscane, les chatteries, les choses succulentes.

Étienne Dumont (XIXe)

La manie des femmes de se faire maigrir, ce n'est pas pour plaire aux hommes qui n'aiment, en général, que les femmes grasses, mais pour être élégantes, c'est-à-dire pour plaire aux autres femmes, c'est-à-dire, en fin de compte, à elles-mêmes.

Jean Dutourd (XXe)

Les grosses, c'est comme les mobylettes : c'est rigolo à monter jusqu'au moment où un copain te voit dessus.

Les Nuls (1992)

Pauvre, moche et grosse : il y en a qui exagèrent !

Coluche (1944-1986)

Cette grosse rombière est aussi appétissante qu'un sandwich rillettes oublié pendant deux mois sur un chantier.

San-Antonio (1921-2000)

Grossesse

Une femme qui passe son temps à redouter les grossesses n'est qu'une espèce d'impotente et n'ira jamais bien loin dans la réussite.

Louis-Ferdinand Céline (1932)

On voit des pauvres petites femmes bien laides qui sont tout de même enceintes.

Jules Renard (1905)

La gestation, chez la femme, dure 270 jours, au cours desquels elle s'empiffre, s'enlaidit, gémit vaguement, tout en contribuant à faire grimper les courbes de l'absentéisme dans l'entreprise.

Pierre Desproges (1939-1988)

Que dit-on d'une femme qui a deux neurones ?
– Qu'elle est enceinte...

Frédéric André (14 septembre 2000)

Il n'est pas naturel qu'un homme s'attache à une femme pendant les neuf mois de sa grossesse ; l'appétit satisfait, l'homme n'a plus besoin de telle femme… L'un s'en va d'un côté, l'autre de l'autre et il n'y a pas d'apparence qu'au bout de neuf mois ils aient mémoire de s'être connus...

Denis Diderot (1713-1784)

Habillement

C'est par les robes décolletées que s'évapore peu à peu la pudeur des femmes.

Alexandre Dumas (1802-1870)

Toujours coquette, elle met des porte-jarretelles avec ses bas à varices...

Henri Jeanson (1967)

Elle s'habille tellement classique que même ses cuisses ressemblent à des jupes plissées.

Thierry Le Luron (1979)

On devrait essayer les femmes comme les chaussures. Si cela va, on les garde. Si elles vous cassent les pieds, on les rend le lendemain matin.

Philippe Bouvard (XXe)

Si vous considérez que la modernité, ce sont des femmes habillées en robe de plastique transparent, alors, dans ce cas, oui, l'Islam est complètement moyenâgeux.

Hassan II, roi du Maroc (1993)

Ne vous livrez pas sans contrôle aux exigences de la mode, jeune fille, restez voilée, réservée... Souvenez-vous que votre corps est le tabernacle sacré dans lequel jusqu'ici s'était reposée votre âme que le mal n'a pas encore touchée et que les regards profanes viendraient flétrir comme un souffle empoisonné fane la fleur délicate.

Comtesse Dash (1864)

Je pense que certaines femmes sont comme une paire de chaussons. On est bien dedans, mais on a honte de les sortir au restaurant.

Michel Galabru (1996)

Les hommes créent souvent des modes aberrantes pour se venger des femmes.

Roland Barthes (28 mars 1966)

Jusqu'au XIXe siècle, les femmes ne portaient pas de culotte de lingerie, mais un petit panier d'osier qui leur servait en même temps de sac à main. D'où l'expression « mettre la main au panier » qui revient fréquemment dans les rapports de police de l'époque.

François Cavanna (XXe)

En portant une minijupe, la femme ressemble à un singe.

Osservatore Romano, journal du Vatican (1967)

Le sac à main contient de tout, plus un bas de rechange, des ballerines pour conduire, un parapluie Tom Pouce, le noir, le rouge, le vert et la poudre compacte, une petite lampe pour fouiller dans le sac, des choses qui brillent parce qu'elles sont dorées, un capuchon en plastique transparent, et la lettre qu'on cherchait partout depuis trois semaines. Il y a aussi, sous un mouchoir, une grosse paire de souliers de montagne. On ne s'expliquerait pas autrement la dimension des sacs à main.

Alexandre Vialatte (1978)

Il faut refuser aux femmes le port du pantalon. Elles perdraient tout attrait sexuel aux yeux des hommes.

Préfet Louis Lépine (1904)

Le goût de la toilette chez la femme a toujours pour cause la vanité. On s'intéresse peu à ses enfants, on néglige leur éducation; plus tard, on va même jusqu'à être jalouse de sa fille, si elle a l'insolence d'être plus jolie que soi.

Baron de Mengin-Fondargon (1843)

La femme se procure des fourrures aux dépens de divers animaux. La loutre, par exemple, le skunks, le castor et le lapin (qui prend des pseudonymes). Mais principalement, l'homme.

Hervé Lauwick (1961)

Homosexuels

Aimer les femmes intelligentes est un plaisir de pédéraste.

Charles Baudelaire (1821-1867)

Les enfants qui ne sont pas allaités au sein par leur mère risquent mille fois plus que les autres de devenir homosexuels.

Ayatollah Montazzeri (mars 1985)

La femme est ce que l'on a trouvé de mieux pour remplacer l'homme quand on a la déveine de ne pas être pédéraste.

Boris Vian (1920-1959)

À force de répéter aux hommes qu'on peut se passer d'eux, qu'on les emmerde, ils se sont dit : « On va devenir pédés ! » Et d'ailleurs, ils sont presque tous pédés ! Les femmes les ont trop emmerdés !

Brigitte Bardot (1996)

Les femmes sont de moins en moins passionnées. Et s'il y a de plus en plus de pédés, c'est un peu leur faute.

Johnny Hallyday (XXe)

Honnêteté

Les femmes honnêtes sont les plus chères : l'entrée est gratuite mais les sorties coûteuses.

Yvan Audouard (XXe)

Les honnêtes femmes sont inconsolables des fautes qu'elles n'ont pas commises.

Sacha Guitry (1947)

Elle respirait l'honnêteté... Seulement elle avait la respiration courte.

Eugène Labiche (1872)

– Il n'y a pas d'honnêtes femmes, alors ?
– Si ! plus qu'on ne le croit mais pas tant qu'on le dit.

Alexandre Dumas fils (1824-1895)

Les femmes honnêtes sont chiantes parce qu'elles n'écartent les jambes que pour faire l'amour.

Georges Wolinski (XXe)

Horreur !

Tous les hommes sont menteurs, inconstants, faux, bavards, hypocrites, orgueilleux et lâches, méprisables et sensuels ; toutes les femmes sont perfides, artificieuses, vaniteuses, curieuses et dépravées ; le monde n'est qu'un égout sans fond où les phoques les plus informes rampent et se tordent sur des montagnes de fange ; mais il y a au monde une chose sainte et sublime, c'est l'union de deux êtres si imparfaits et si affreux.

Alfred de Musset (1834)

La contemplation d'une femme nue me fait rêver à son squelette.

Gustave Flaubert (1821-1880)

La femme a faim et elle veut manger.
Soif et elle veut boire.
Elle est en rut et elle veut être foutue.
Le beau mérite !
La femme est *naturelle*, c'est-à-dire abominable.

Charles Baudelaire (1887)

Quand je flirte en tout bien et tout honneur avec une jeune femme, il arrive parfois à ma pensée de la déshabiller de sa chair rose, de tout ce qui la fait joliment femme, et je ne vois en elle qu'un alambic à merde et à urine.

Edmond et Jules de Goncourt (XIXe)

Je ne décrirai pas les organes féminins car ils sont abominables.

Charles de Linné (1707-1778)

Hygiène

Horrible histoire racontée par un marchand de vin, celle de la femme qui souffle au nez de son époux :
- Mon chou, devine ce que j'ai mangé ?
- Sais pas, répond le mari, du bleu d'Auvergne peut-être bien ?
- Non !... des fraises à la crème.

Michel Chrestien (1957)

On a remarqué que de tous les animaux, les femmes, les mouches et les chats sont ceux qui passent le plus de temps à leur toilette.

Charles Nodier (1780-1844)

Elle s'obstinait à toujours dormir les fenêtres fermées. Pour ne pas polluer, sans doute...

Benny Lancraft (1985)

– Savez-vous pourquoi elle pue tant de la bouche ?
– Non.
– Parce qu'elle a le cœur sur les lèvres.

François Michel de Louvois (1639-1691)

Elle sentait distinctement et décidément le savon. Au diable. Autant coucher avec une machine à laver.

Boris Vian (1920-1959)

IJ

comme

Idiotes,
Imbéciles,
Intelligence,
Jalousie,
Jeunes filles,
...etc.

Idiotes

Épouser une intellectuelle ne vous rend pas forcément intelligent. Vivre avec une idiote ne peut que vous améliorer tous les deux.

Yvan Audouard (XXe)

Les femmes ont une petite âme incertaine et caressante.

Empereur Hadrien (76-138)

C'est souvent avec une femme idiote qu'on vit en bonne intelligence.

Albert Willemetz (1887-1962)

La femme est une statue vivante de la stupidité. Le Créateur, en la faisant d'un reste de limon, a oublié l'intelligence... Je n'ai jamais rencontré une femme qui fût en état de suivre un raisonnement un quart d'heure.

Lamennais (1782-1854)

Quand on a soif d'amour, il ne faut pas nécessairement se précipiter sur une gourde.

Noctuel (XXe)

Imbéciles

Le cerveau de la femme présente moins de circonvolutions que celui de l'homme et chez elle la substance grise est plus légère que chez l'homme – au contraire ses nerfs sont plus forts, ainsi qu'on le remarque chez l'enfant. D'où sa faculté de pouvoir supporter plus facilement certaines douleurs physiques ; en quoi elle ressemble au sauvage et cela prouve aussi qu'elle a un système nerveux plus grossier.

August Strindberg (1893)

Quand une idiote parle à l'oreille d'une imbécile, on peut dire qu'il s'agit d'un transfert de données...

Charles Crown (1999)

Il n'y a pas plus d'imbéciles chez les femmes que chez les hommes. C'est du moins ce que prétend ma femme...

Henry Maxwell (1937)

Idylle, mon vieux, ça commence comme idiote et ça finit comme imbécile.

Maurice Donnay (1859-1945)

Infériorité

La vie s'épanouit vers la tête dans l'homme, elle se concentre vers la matrice dans la femme. La femme est donc destinée par la nature à l'infériorité et à vivre en second ordre.

Dr Julien-Joseph Virey (1824)

Le sous-homme est supérieur à la sur-femme.

Friedrich Nietzsche (1844-1900)

La femme reconnaît le fait de sa castration et avec cela, elle reconnaît la supériorité de l'homme et sa propre infériorité.

Sigmund Freud (1856-1939)

Les femelles sont biologiquement plus faibles et plus froides, et il faut considérer leur existence comme une défectuosité de la nature.

Aristote (384-322 av. J.-C.)

Les femmes ne sont que des êtres inférieurs et séduisants, dont la mission est de conspirer aux fins de la nature en assurant, par l'attrait qu'elles exercent sur l'homme, la perpétuité de l'espèce.

Schopenhauer (1788-1860)

Homme, tu es le maître, la femme est ton esclave, c'est Dieu qui l'a voulu. Oui, vos femmes sont vos servantes et vous êtes les maîtres de vos femmes.

Saint Augustin (354-430)

La prétention des hommes à une grande supériorité sur les femmes est simplement grotesque. Leur immense vanité les empêche de voir que cette supériorité consiste à placer un carcan au cou d'un être qui leur met à son tour des menottes aux poignets ; après quoi ils n'ont plus qu'à tourner en rond, ensemble, au bout d'une chaîne bénie par l'Église, dans l'ornière qu'a creusée la tradition.

Georges Darien (1900)

La femme est une forme rétrécie de l'homme. La femme est inférieure à l'homme. L'œuf de la femme est une forme de cellule inférieure, non automotrice, tandis que le spermatozoïde est susceptible d'un développement supérieur, et féconde activement, étant automoteur, à l'encontre de l'œuf féminin qui, lui, est passivement fécondé.

August Strindberg (1893)

Infidélité

La trahison de la femme a des conséquences énormes que n'a point celle de l'homme. La femme ne trahit pas seulement : elle livre l'honneur et la vie du mari... Celui-ci sera assassiné moralement, tout le reste de sa vie, ne sachant jamais si l'enfant est bien son enfant, forcé de nourrir, de doter une progéniture équivoque...

Jules Michelet (1798-1874)

Cette femme est honnête : depuis qu'elle a pris des amants, elle ne les a jamais trompés avec son mari.

Édouard Herriot (1872-1957)

Et Jean tua Madeleine. Ce fut à peu près vers cette époque que Madeleine perdit l'habitude de tromper Jean.

Alphonse Allais (1854-1905)

Une femme peut fort bien aimer deux hommes à la fois. On dirait que, toutes petites, elles ont appris à loucher du cœur.

Paul-Jean Toulet (1867-1920)

Il y a des femmes dont l'infidélité est le seul lien qui les attache encore à leur mari.

Sacha Guitry (1885-1957)

Instruction

Pour une femme, la vanité de posséder un diplôme s'acquiert souvent au prix du bonheur que lui aurait donné sa famille, et transforme la femme en un être sans sexe et par là inutile.

Dictionnaire médical à l'usage des familles (XIXe)

Il vient pour les jeunes filles un moment où leur éducation est à peu près achevée, c'est-à-dire, quelques connaissances élémentaires acquises, quelques langues apprises aux trois quarts, quelques dispositions pour la peinture ou la musique amenées aux proportions de demi-talent...

Comtesse Agénor de Gasparin (1853)

Vous devez avoir horreur de l'instruction chez les femmes, pour cette raison qu'il est plus facile de gouverner un peuple d'idiots qu'un peuple de savants.

Honoré de Balzac (1799-1850)

Il ne faut pas qu'elles soient savantes, la curiosité les rend vaines et précieuses ; il suffit qu'elles sachent gouverner un jour leur ménage, et obéir à leur mari sans raisonner.

Fénelon (1651-1715)

À quoi bon tant de science pour une cervelle de femme ! Que vous jetiez l'océan ou un verre d'eau sur le trou d'une aiguille, il n'y passera toujours qu'une goutte d'eau.

Jules Renard (1864-1910)

Julie Daubié parvient à s'inscrire au baccalauréat de Lyon (1861) et devient la première bachelière... Le ministre de l'Éducation nationale s'opposera longtemps à la remise de son diplôme, par crainte de ridiculiser le Ministère.

J.-M. Pontaut et F. Szpiner (1989)

« Mieux vaut tête bien faite que tête bien pleine » : Montaigne signifie par là qu'une jeune fille réussit mieux dans la vie en sortant de chez le coiffeur qu'en sortant de Normale.

Claude Robert (1969)

Laissons l'instruction aux sots. Une petite qui aurait obtenu quelque diplôme, eût-elle par la suite oublié tout ce qu'elle a appris, il me semble qu'il resterait toujours en elle, comme dans un vase charmant qui contint un jour un liquide nauséabond, la mauvaise odeur de la demi-science qu'elle a jadis ingurgitée.

Henry de Montherlant (1936)

Intelligence

75 % des Français sont persuadés que les Arabes ont un membre particulièrement long, que les Nègres l'ont particulièrement gros et que les Jaunes savent particulièrement bien s'en servir, mais que les femmes préfèrent l'intelligence.

François Cavanna (XXe)

Non seulement la femme a été plus chichement pourvue que l'homme de dons intellectuels, mais encore elle les perd beaucoup plus rapidement.

Dr Paul Julius Moebius (1900)

Ell' n'avait pas de tête, ell' n'avait pas
L'esprit beaucoup plus grand qu'un dé à coudre
Mais pour l'amour on ne demande pas
Aux filles d'avoir inventé la poudre.

Georges Brassens (1921-1981)

J'ai souvent envie de demander aux femmes par quoi elles remplacent l'intelligence.

Alain (1868-1951)

Pensez que jamais – jamais – je n'ai trouvé les deux ensemble chez une femme : intelligence et beauté.

Henry de Montherlant (1936)

Chez beaucoup de femmes, il y a une tendance à considérer toute acquisition intellectuelle comme une chose à étaler, comme une chose qui la fait valoir. C'est un prolongement de sa coquetterie inguérissable... Beaucoup de femmes sont moins cultivées qu'elles ne sont barbouillées de culture ; elles se fardent, elles se poudrent de littérature et de philosophie.

François Mauriac (1885-1970)

Ce qui fait le plus plaisir aux femmes, c'est une basse flatterie sur leur intelligence.

Jules Renard (1895)

Une femme qui exerce son intelligence devient laide, folle et guenon...

Pierre-Joseph Proudhon (1809-1865)

Intelligentes

C'est très joli, une compagne intelligente, mais il faut que ce soit une femme, avec, tout de même, que diable ! un peu de ce qui est nécessaire pour faire l'amour.

Jules Renard (1864-1910)

Tu raisonnes comme une femme, tu es un con.

Jean-Paul Sartre (1905-1980)

Certaines femmes ont si peu de mémoire qu'elles en oublient d'être intelligentes.

Lewis Smithson (1913-1989)

Je déteste par-dessus tout les femmes qui croient pouvoir se permettre d'être laides parce qu'elles sont intelligentes. Heureusement, je n'ai jamais rencontré une femme intelligente.

Boris Vian (1920-1959)

Les femmes sont généralement stupides. Quand on dit d'une femme qu'elle est très intelligente, c'est parce que son intelligence correspond à celle d'un homme médiocre.

Henri Jeanson (1900-1970)

Elle est trop intelligente. Elle ne pourra jamais régresser suffisamment pour devenir une bonne épouse.

Marilyn French (XXe)

Plus les femmes sont cultivées, plus elles risquent de connaître des troubles sexuels.

Farnham et Lundberg (XXe)

Les femmes acceptent aisément les idées nouvelles, car elles sont ignorantes ; elles les répandent facilement, parce qu'elles sont légères ; elles les soutiennent longtemps, parce qu'elles sont têtues.

Joseph Alexandre de Ségur (XVIIIe)

Une femme intelligente est une femme avec laquelle on peut être aussi bête que l'on veut.

Paul Valéry (1942)

Inventions

Il paraît que c'est une femme qui a inventé les mots croisés à une seule case...

Tristan Bernard (1937)

Ma femme, je ne saurais mieux la comparer qu'à une invention française : c'est moi qui l'ai trouvée, et ce sont les autres qui en profitent.

Henri Duvernois (1875-1937)

Elle avait une intelligence à avoir inventé le fil à couper l'huile...

Bernard Louis (1998)

On a vu des femmes très savantes, comme il en fut de guerrières : il n'y en a jamais eu d'inventrices.

Voltaire (1694-1778)

Si l'amour est une invention des femmes, ce sont les hommes qui exploitent le brevet.

Hervé Bazin (1950)

Jalousie

Deux coqs vivaient en paix : une poule survint,
Et voilà la guerre allumée.

Jean de La Fontaine (1621-1695)

La sombre Jalousie, au teint pâle et livide,
Suit d'un pied chancelant le Soupçon qui la guide.

Voltaire (1694-1778)

La femme est en effet le potage de l'homme ;
Et quand un homme voit d'autres hommes parfois
Qui veulent dans sa soupe aller tremper leurs doigts,
Il en montre aussitôt une colère extrême.

Molière (1662)

Je me souviens d'avoir entendu parler de deux femmes qui s'aimaient sincèrement et vivaient en paix sans médire l'une de l'autre, quoique jeunes toutes deux : l'une était sourde, l'autre aveugle.

Paul Auguez (XIXe)

Les femmes sont jalouses de tout, et même du malheur.

André Suarès (1929)

Jambes

Les jambes permettent aux hommes de marcher et aux femmes de faire leur chemin.

Alphonse Allais (1854-1905)

Aujourd'hui, les femmes font de l'œil avec leurs jambes.

Jean Richepin (1849-1926)

L'âge ingrat, chez les filles, c'est quand elles sont trop grandes pour compter sur leurs doigts et trop petites pour compter sur leurs jambes.

Coluche (1944-1986)

Je lui ai dit : « Paulette, t'as tes bas qui plissent. » Elle avait pas de bas...

Guy Bedos (XXe)

Elle a les jambes en arc de triomphe mais son poilu n'est pas inconnu.

Yves Mirande (1875-1957)

C'est depuis que les femmes laissent voir leurs jambes qu'on comprend toutes les raisons qu'elles avaient jadis de les cacher.

Étienne Rey (1873-1940)

Comme avec des ciseaux, la femme, avec ses cuisses qui s'ouvrent, coupe les gerbes de nos désirs.

Jules Renard (1864-1910)

Que de femmes croient avoir des jambes alors quelles n'ont que des jambons.

Jacques Sternberg (XXᵉ)

Toute femme a sa fortune entre ses deux jambes.

Honoré de Balzac (1799-1850)

Je connais une femme aux mensurations quasi parfaites : 90-60-90. Idem pour la jambe gauche.

Lewis Smithson (1913-1989)

Jeunes filles

J'aime beaucoup regarder les visages des jeunes femmes. Ça m'amuse de deviner ce qu'elles seront, devenues vieilles.

Jules Renard (1864-1910)

Un piano, une jeune fille et une machine à écrire, pour avoir un bon usage, doivent avoir été travaillés.

Henry de Montherlant (1936)

Jeune fille. Articuler ce mot timidement. Toutes les jeunes filles sont pâles et frêles, toujours pures. Éviter pour elles toute espèce de livres, les visites dans les musées, les théâtres et surtout le jardin des Plantes, côté singes.

Gustave Flaubert (1821-1880)

Les jeunes filles sont des reflets qui ne demandent qu'à s'éteindre.

Georges Wolfromm (1960)

À l'inverse des jeunes filles d'aujourd'hui aux tenues négligées et aux mœurs dissolues, le personnage de Bécassine, plein de bon sens, de courage et de bonté, m'apparaît présenter un remarquable exemple pour toutes les jeunes âmes que la dépravation n'a pas encore contaminées.

Mlle de Saint-Géhan (1913)

Vous savez que le mot miss *en Angleterre veut dire « mademoiselle ». Mais vous savez qu'il veut aussi dire « ratage ».*

Hervé Lauwick (1961)

C'était une jeune fille d'aujourd'hui, c'est-à-dire, à peu près, un jeune homme d'hier.

Paul Morand (1888-1976)

Je sais ce que j'dis, vieux. Une femme qui commence pas à seize ans, rappelle-toi que ça ne fera jamais une bonne baiseuse. Moi, si j'étais ministre, je ferais des lois pour ça. Je leur ordonnerais, aux gens : « Votre môme a seize ans ? Allez ! À l'homme ! et hop ! tout de suite ! pas de rouspétance ! »

Robert Merle (1949)

Jolie

Les femmes ont tous les défauts : elles sont autoritaires, dépensières, sans culture. Et le pire de tous : elles sont jolies.

Paul Morand (1888-1976)

Quand les bougies sont éteintes, toutes les femmes sont jolies.

Plutarque (v.50-v.125)

– La trouvez-vous jolie ?
– Elle a dû être bien de son vivant...

Alfred de Musset (1810-1857)

La seule manière de se comporter avec une femme est de faire l'amour avec elle si elle est jolie, et avec une autre si elle ne l'est pas.

Oscar Wilde (1854-1900)

Laissons les jolies femmes aux hommes sans imagination.

Marcel Proust (1925)

Jouir

Que la femme soit sur l'homme, ce mode est contraire à l'ordre de la nature puisque cela s'oppose à l'éjaculation de l'homme. Il est en effet naturel pour l'homme d'agir, pour la femme de pâtir ; et l'homme étant dessus, par le fait même de cette position, il subit et la femme étant dessus agit ; et combien la nature elle-même abhorre cette position !

Thomas Sanchez (1550-1610)

Eh pis c'est pas tout ! Y faut la faire jouir ! D'abord trouver le clitoris, c'est une entreprise assez délicate. Dieu merci, Y'a des fois qu'c'est pis que d'chercher une chenille sur un damier, ensuite t'as dans la tête toutes les notes et appendices du Master's et Johnson's, le rapport Hite, la controverse du G'Spot, Germaine Greer, Nancy Friday, tu sais plus si tu dois employer tes doigts, ta langue...

Dialogues du film Le Déclin de l'Empire américain *(1985)*

La majorité des hommes ignorent où se trouve le clitoris, ce qui ne surprend guère, lorsqu'on sait que bien des femmes ne le savent pas non plus...

Nancy Friday (1981)

À chaque fois qu'il parvenait à faire jouir sa femme, il courait à travers la chambre, bras levés, en hurlant : « But ! But ! »

John Sinclair (1987)

L

comme

Laideur,

Larmes,

Libération,

Liquides,

Lit,

Livres,

...etc.

Laideur

La laideur a ceci de supérieur
à la beauté : elle dure.

Daniel Mussy (1963)

**Et puis d'abord,
on ne devrait jamais
écouter les femmes
qui ne sont pas belles,
elles ne peuvent dire
que des bêtises.**

Louis-Ferdinand Céline (1894-1961)

**Elle avait
le sourire
hermétique
des personnes
qui ont des
dents à
cacher.**

*François Mauriac
(1885-1970)*

*Tu es belle à regarder
Tes bas tombant sur tes chaussures
Et ton vieux peignoir mal fermé
Et tes bigoudis... Quelle allure !
Je me demande chaque jour
Comment as-tu fait pour me plaire
Comment ai-je pu te faire la cour
Et t'aliéner ma vie entière
Comme ça tu ressembles à ta mère
T'as rien pour inspirer l'amour !*

Charles Aznavour (XXe)

Toutes les femmes sont laides dès qu'on n'en a plus envie.

Claude Chabrol (XXᵉ)

Aucune femme n'est laide au point d'être insensible aux compliments.

Lord Chesterfield (1747)

Elle est d'une laideur dont rien ne vient troubler l'harmonie...

Sacha Guitry (1885-1957)

Les femmes laides vieillissent mieux que les jolies femmes : elles passent de l'ombre à l'obscurité.

Alfred Capus (1858-1922)

Il y avait trois dames de Paris assez laides à la Cour ; on disait que c'étaient des ponts sans garde-fous, parce que personne ne voulait passer dessus.

Voltaire (1694-1778)

Laideur : infirmité qui fait le désespoir d'une femme et la joie de toutes les autres.

Pierre Véron (1863)

La laideur est la meilleure gardienne d'une jeune fille, après sa vertu.

Mme de Genlis (1746-1830)

Dieu, dans sa grande clémence, a inventé l'alcool pour que les moches aussi puissent baiser.

Woody Allen (1987)

Il n'est si laide marmite qu'elle ne trouve son couvercle.

Miguel de Cervantes (1547-1616)

Elle est affreuse, mais elle a trois millions de dot ou, si vous voulez, de dommages et intérêts !

Robert de Flers et Gaston de Caillavet (1906)

Langue française

Qu'est-ce qu'une demi- femme ?
– C'est une femme qui ne sait ni lire...

Joël Rimbaud (1996)

Tout enseignement pour les femmes doit être suspect... Après tout, où est la nécessité qu'une fille sache lire et écrire ?

Jean de Gerson (1363-1429)

Les femmes adorent qu'on les méprise, pourvu que ce soit dans la langue ronflante qu'elles ont apprise chez les sœurs.

Bertrand Poirot-Delpech (1984)

Elle m'avait dit un jour :
– Chéri, est-ce que tu savais qu'oroscope, ydrogène, ipocrite et arpie ne sont pas dans le dictionnaire ?

Sacha Guitry (1885-1957)

L'amour au masculin est singulier. Au féminin, pluriel. J'aurais volontiers pensé le contraire.

Claude Aveline (1901-1993)

Larmes

Les femmes ont, à leur disposition, deux armes terribles : le fard et les larmes. Heureusement pour les hommes, elles ne peuvent pas servir en même temps.

Marylin Monroe (1926-1962)

Si les femmes savaient tout ce qu'elles perdent avec leurs pleurnicheries ! Il faut qu'un homme soit un saint pour, les voyant blessées, ne pas avoir envie de les blesser davantage.

Henry de Montherlant (1936)

Tout est fuite chez la femme. Elle perd. Elle mouille. Sans qu'on lui fasse le moindre mal elle a du sang qui coule. Et quand le sang s'arrête c'est le lait qui jaillit. Et je ne parle pas des larmes, qui ne demandent qu'à ruisseler. Trop de liquide.

Bertrand Blier (1998)

La femme, ça a toujours un coin où, en appuyant, ça pleure.

Jean Giono (1895-1970)

Libération

Le plus grand, le seul ennemi de l'émancipation de la femme est la femme.

Otto Weininger (1975)

Je le déclare avec une foi profonde, la théorie de la femme libre me semble une théorie aussi fatale qu'insensée ! Femme libre, elle serait esclave de ses passions matérielles, esclave de son corps et de ses vices.

Ernest Legouvé (1848)

Émanciper la femme, c'est excellent ; mais il faudrait avant tout lui enseigner l'usage de la liberté.

Émile Zola (1868)

Les femmes libres ne sont pas des femmes.

Colette (1873-1954)

« Émancipons la femme ! » : tel est le cri de ralliement de ce libéralisme brouillon, auquel les femmes se laissent prendre naïvement, et qui a l'inconvénient de troubler les cerveaux féminins et de pousser la femme hors de ses voies.

Dr J.B. Fonssagrives (1869)

La femme était quelqu'un tant qu'elle avait le sens de la pudeur. Elle ne l'a plus, elle dévoile tout pour rien, elle détruit l'illusion en empêchant l'imagination de travailler. De quel manque d'instinct elle fait preuve ! Elle croit s'émanciper, et elle ne fait que se détruire.

Emil Cioran (XXe)

Émanciper les femmes, c'est les corrompre.

Honoré de Balzac (1831)

Autour des années 70 – au temps où le mot sida, on savait même pas comment ça s'écrivait – sans vouloir me vanter, il y a eu un de ces va-et-vient dans ma vie affective ! Des grandes, des petites, des rondes, des plates, des gentilles, des méchantes, des intellos, des connes, des connes qui se prenaient pour des intellos... La plupart du temps, je ne savais même pas comment elles s'appelaient. À l'époque, on faisait un peu comme les flics aujourd'hui : on tirait d'abord et après on contrôlait les identités.

Guy Bedos (XXe)

Liquides

La femme est de nature humide, spongieuse et froide, alors que l'homme, lui, est sec et chaud. La raison en est que la semence de la femelle est plus faible et plus humide que celle du mâle.

Hippocrate (v. 460-v. 377 av. J.-C.)

Quand les femmes ne peuvent pas répondre à nos questions, elles pleurent.

Dialogues du film Une pour toutes *de Claude Lelouch (2000)*

Les hommes ont, paraît-il, 10% d'eau dans le cerveau. Sans doute est-ce là leur petit côté féminin...

Joël Rimbaud (1996)

Une femme... c'est une rivière qui coule, c'est un peu triste, on pense à la noyade.

Bertrand Blier (1998)

Dès qu'une femme pleure, j'ai envie de la buter. Je ne supporte pas les gens qui s'effilochent.

Yasmina Reza (1999)

Lit

Le mariage est une condamnation de draps communs.

Alexandre Breffort (1901-1971)

Toutes les femmes capitulent sur l'oreiller.

Étienne Rey (1914)

Au fond des lits, qu'est-ce qu'on trouve ? Un petit rire bête.

Félicien Marceau (1956)

Le mariage... c'est la plus triste façon de se mettre au lit.

Robert de Flers et Gaston de Caillavet (1907)

L'homme marié trouve dans le lit conjugal ce qu'il ne trouverait dans le lit d'aucune autre femme : la sienne.

Noctuel (XXe)

En général, les femmes qui font le plus de façons pour entrer dans le lit d'un homme sont aussi celles qui font le plus de difficultés pour en sortir.

Alphonse Allais (1854-1905)

Livres

Livre prêté,
jamais rendu.
Femme prêtée,
toujours rendue.

Charles Régismanset (XXe)

L'homme demande quelquefois la vérité à un livre ; la femme lui demande toujours ses illusions.

Edmond et Jules de Goncourt (XIXe)

Les romans ne sont pas seulement dangereux dans la jeunesse. Par l'attrait de leur lecture, une femme mariée oublie ses soins domestiques, et quelquefois même ses devoirs d'épouse et de mère.

Baron de Mengin-Fondargon (1843)

Chaque femme avec laquelle on couche est un livre qu'on écrit en moins.

Honoré de Balzac (1799-1850)

J'ai écrit ce livre durant les longues heures où ma femme s'habillait pour sortir. Si elle avait été adepte du naturisme, ce livre n'existerait pas.

Groucho Marx (XXe)

Aujourd'hui, la baise égalitaire et réciproque appauvrit les fantasmes. Le dialogue honnête a gommé les grands monologues artistes, nous manquons de salauds lyriques.

Patrick Grainville (XXe)

M

comme

Mariage,
Méchantes,
Menteuses,
Mères,
Monstres,
Mufles,
...etc.

Maladies

Les mariages sont comme les abcès et les appendicites à chaud ou à froid. Les mariages à chaud crèvent plus souvent et plus tôt que les mariages à froid.

Dr Julien Besançon (1943)

Tout le monde parle d'infarctus, de cirrhose, de cancer, moi, je dis que la pire maladie des hommes c'est cette furie de mettre tout l'amour du monde dans une seule paire de miches.

Dialogues du film Le Pacha *(XXe)*

Le ventre des femmes recèle toujours un enfant ou une maladie.

Louis-Ferdinand Céline (1932)

Le mariage, c'est pour toujours. Comme l'herpès.

Philip Kerr (1998)

Vous avez de l'albumine, c'est-à-dire du blanc d'œufs dans les urines ? Épousez une fille qui a du diabète et faites des blancs en neige !

Coluche (1944-1986)

Malheur

Les femmes sont si avides d'émotions que la plupart d'entre elles préfèrent le malheur à la tranquillité.

Mme du Deffand (XVIIIe)

Sept Français sur dix sont malheureux en ménage. Les trois autres sont célibataires.

François Cavanna (XXe)

De quelque côté que l'on se tourne avec la femme, on souffre car elle est le plus puissant engin de douleur que Dieu ait donné à l'homme !

Joris-Karl Huysmans (1848-1907)

Comme tout artiste, je suis d'abord le peintre de la femme, et, pour moi, la femme est essentiellement une machine à souffrir.

Pablo Picasso (1881-1973)

Les hommes ont toujours eu beaucoup de courage pour supporter les malheurs des femmes.

Françoise Giroud (1956)

Mari

Elle épousera un dentiste. Toutes les femmes rêvent d'épouser un dentiste.

Gabriel Matzneff (1991)

Vous êtes marié ? – Un peu… vous savez ce que c'est. Un beau jour, on se rencontre chez le maire, il vous pose des questions. On répond « oui » parce qu'il y a du monde.

Georges Feydeau (1909)

Les hommes intelligents ne peuvent être de bons maris, pour la bonne raison qu'ils ne se marient pas.

Henry de Montherlant (1895-1972)

Je me suis marié, sachant que c'était la seule connerie que je n'avais pas faite.

Olivier de Kersauson (XXe)

« Mais alors, pourquoi les hommes se marient-ils ? », demandai-je un jour à l'abbé Mugnier. Il me répondit : « Par goût de la catastrophe. »

Henry de Montherlant (1938)

Le mari idéal, c'est celui qui rentre tôt, fait les courses, la vaisselle et s'occupe des enfants. On en conclut que le mari idéal, c'est donc la femme !

Bruno Gaccio (1995)

Les maris des femmes qui nous plaisent sont toujours des imbéciles.

Georges Feydeau (1896)

Est-ce que les maris sont déjà des maris avant le mariage ? Ou bien est-ce le mariage qui les abîme comme ça ?

François Cavanna (XXe)

L'homme marié est privilégié par rapport au célibataire. La preuve : il peut rentrer chez lui quand il a fait l'amour.

San-Antonio (1921-2000)

Mariage

Le mariage, cette institution qui fait courber le cœur et la vie de la femme sous la volonté de l'homme.

Comtesse Agénor de Gasparin (1853)

– L'envie de vous marier vous est-elle déjà venue ?
– Quelquefois, le matin surtout.

Bernard de Fontenelle (1657-1757)

Le mariage : des grands mots avant, des petits mots pendant, des gros mots après.

Henry Bordeaux (XXe)

Le mariage est une expérience chimique par laquelle deux corps inoffensifs peuvent, en se combinant, produire un poison.

Édouard Pailleron (1881)

Que d'époux ne sont séparés que par le mariage !

Alfred Capus (1858-1922)

Pourquoi faut-il que les noces ne durent qu'un jour et le mariage toute la vie.

Henri Jeanson (1900-1970)

Le mariage est un échange de mauvaises humeurs pendant le jour et de mauvaises odeurs pendant la nuit.

Guy de Maupassant (1850-1893)

Le mariage est, soit une corne d'abondance, soit une abondance de cornes.

San-Antonio (1921-2000)

On compare souvent le mariage à une loterie. C'est une erreur car, à la loterie, on peut parfois gagner.

George Bernard Shaw (1856-1950)

Ne pouvant pas supprimer l'amour, l'Église a voulu au moins le désinfecter, elle a fait le mariage.

Charles Baudelaire (1887)

Le mariage est l'art difficile, pour deux personnes, de vivre ensemble aussi heureuses qu'elles auraient vécu, seules, chacune de leur côté.

Georges Feydeau (1862-1921)

On s'étudie trois semaines, on s'aime trois mois, on se dispute trois ans, on se tolère trente ans ; et les enfants recommencent.

Hippolyte Taine (1828-1893)

Le mariage... cette connivence un peu blette de vieux amants qui n'ont pas attendu la mort pour commencer à pourrir ensemble.

Marguerite Yourcenar (1903-1987)

Toute une vie auprès du même être, c'est long : un des bienfaits du mariage est de nous faire sentir la durée.

Jean Rostand (1894-1977)

Un bon mariage serait celui d'une femme aveugle et d'un mari sourd.

Montaigne (1533-1592)

La seule joie des gens mariés, c'est d'assister au mariage des autres... une joie diabolique !

Ramón Gómez de la Serna (1917)

L'amour est aveugle, mais le mariage lui rend la vue.

Lichtenberg (1790)

Pour se marier, il faut un témoin, comme pour un accident ou un duel.

Sacha Guitry (1885-1957)

Le mariage vient de l'amour comme le vinaigre du vin.

Lord Byron (1819)

Oh ! faire son voyage de noces tout seul !

Jules Renard (1864-1910)

Le plus sot endroit où l'on puisse fourrer son museau, c'est une muselière. Les chiens du moins ne le font que de force ; l'homme est assez bête pour le faire de son plein gré – le jour où il se marie.

Victor Hugo (1802-1885)

Pauvres bonshommes, à peine ils rencontrent une femme qu'ils l'emmènent chez monsieur le Maire, et comme monsieur le Maire est lui-même marié, vous pensez si ça l'amuse de jouer la sale blague aux copains !

San-Antonio (1921-2000)

Je pense qu'il existe trois catégories d'égoïstes, les égoïstes qui vivent et laissent vivre les autres, ceux qui vivent et ne laissent pas vivre les autres, enfin les égoïstes qui eux-mêmes ne vivent pas et empêchent les autres de vivre. Les femmes appartiennent généralement à cette dernière catégorie.

Ivan Tourgueniev (1818-1883)

Le mariage, c'est comme un lundi matin, c'était beau la veille.

Jean-Louis Bory (1976)

Le mariage permet de résoudre à deux des problèmes qu'on ne se posait pas tout seul.

Tristan Bernard (1866-1947)

– Que faisiez-vous avant de vous marier ?
– Avant, je faisais ce que je voulais.

Marcel Jouhandeau (1888-1979)

Ils se marièrent, eurent beaucoup d'enfants et se firent horriblement chier.

San-Antonio (1921-2000)

On ne se marie jamais très bien du premier coup. Il faut s'y reprendre.

Alfred Capus (1901)

Mariez-vous, vous ferez bien ; ne vous mariez pas, vous ferez encore mieux.

Saint Paul (v.5-15-v.62-64)

Mariées

Pour éviter des malheurs, une jeune personne doit bien se garder d'ouvrir son cœur à une inclination romanesque. Elle doit laisser à ses parents le choix de son époux.

Baron de Mengin-Fondargon (1843)

Le mariage : une cérémonie où un anneau est mis au doigt de l'épouse et un autre au nez de l'époux.

Hubert Spencer (1880)

Une femme peut fort bien porter une robe de bal sans savoir danser, une robe de cocktail sans avoir soif, un maillot de bain sans savoir nager, mais si elle met une robe de mariée, elle sait tout de suite s'en servir.

Jacques Deval (1890-1972)

J'ai un copain qui a fait un mariage d'amour. Il a épousé une femme riche. Il aimait l'argent.

Coluche (1944-1986)

Il n'y a pas grande différence entre une fée et une sorcière. Un ou deux ans de mariage peut-être...

Joël Rimbaud (1996)

Dans tous les cas, mariez-vous. Si vous tombez sur une bonne épouse, vous serez heureux, et si vous tombez sur une mauvaise, vous deviendrez philosophe, ce qui est excellent pour l'homme.

Socrate (470-399 av. J.-C.)

Le mariage est l'acte nécessaire, il faut qu'une femme se marie, car elle n'a pas vécu, elle n'a pas rempli sa destinée, si elle n'a pas été épouse et mère.

Émile Zola (1902)

On disait que X... venait de se marier.
– Avec quoi ? demanda quelqu'un.

Louis Guilloux (1899-1980)

Toute question d'argent mise à part, l'homme qui se marie fait toujours un cadeau à la femme, parce qu'elle a un besoin vital du mariage, et que lui il n'en a pas besoin. Les femmes se marient parce que le mariage est la seule clef qui puisse leur ouvrir le bonheur, tandis que les hommes se marient parce que Pierre et Paul le font ; ils se marient par habitude, sinon par hébétude.

Henry de Montherlant (1936)

Masturbation

L'expérience m'a appris que la santé faible dont jouissent un grand nombre de jeunes filles qui se plaignent de maux d'estomac, de digestions pénibles et de constipation, était due à des habitudes secrètes auxquelles j'étais loin de penser que des enfants si jeunes pussent se livrer.

Dr J.L. Doussin-Dubreuil (1828)

Plus je connais les femmes, plus j'aime ma main.

Professeur Choron (XXe)

La branlette, c'est bon le matin quand tu n'as pas pu sauter la nana qui a dormi la nuit à tes côtés. Alors, in ze morning, et en secret, tu lâches ta déception.

Charlélie Couture (1997)

Ne dites pas de mal de la masturbation. Après tout, c'est une façon de faire l'amour avec quelqu'un qu'on aime.

Woody Allen (XXe)

De temps en temps, une femme est un substitut convenable à la masturbation. Mais, bien sûr, il faut beaucoup d'imagination.

Karl Kraus (1911)

Mathématiques

L'amour d'un amant décroît en raison du cube de la distance qui le sépare de sa maîtresse et du carré du temps de l'absence.

Francesco Algarotti (1737)

On n'a pas tort de dire que la femme est la moitié de l'homme. Car un homme marié n'est plus qu'une moitié d'homme.

Romain Rolland (1866-1944)

Je ne crois pas beaucoup à la loi de la pesanteur, il est en effet plus facile de lever une femme que de la laisser tomber.

Georges Courteline (1927)

Il est à l'âge où un vieux schnock a besoin de faire de la monnaie en échangeant sa rombière de cinquante ans contre deux de vingt-cinq !

San-Antonio (1921-2000)

Pour savoir si votre femme est complètement folle, comparez-la à une femme qui ne l'est qu'à moitié et multipliez par deux.

Michel Audiard (1969)

Une femme n'est entière qu'autant qu'elle est une moitié...

Jacques Audiberti (1947)

Savez-vous ce qu'est une femme ? C'est quarante kilos d'eau, huit kilos de graisse, quatre kilos de chaux, cent vingt-sept grammes de sucre et douze grammes de fer.

Roland Dorgelès (1886-1973)

La femme a la passion du calcul : elle divise son âge par deux, double le prix de ses robes, triple les appointements de son mari et ajoute cinq ans à l'âge de sa meilleure amie.

Marcel Achard (1899-1974)

Méchantes

Toute méchanceté est légère comparée à la méchanceté de la femme.

La Bible

Il n'y a malheureusement pas de remède de bonne femme contre les mauvaises.

Jules Renard (1903)

Les femmes savent instinctivement ce qui est bien et mal. Cela ne les empêche pas de faire le mal avec une honte exquise.

Georges Wolinski (1992)

Si vous voulez connaître la lie des sentiments humains, penchez-vous sur les sentiments que nourrissent les femmes envers les autres femmes : vous frissonnerez d'horreur devant tant d'hypocrisie, de jalousie, de méchanceté, de bassesse.

Amélie Nothomb (1992)

Au fond du cœur, l'homme n'est pas méchant. Mais au fond du cœur, la femme, elle, est mauvaise… Dans la vengeance et en amour, la femme est plus barbare que l'homme.

Friedrich Nietzsche (1844-1900)

Quand quelqu'un me vante une femme aimable et l'amour qu'il a pour elle, je crois voir un frénétique qui me fait l'éloge d'une vipère, qui me dit qu'elle est charmante, et qu'il a le bonheur d'en être mordu.

Pierre de Marivaux (1688-1763)

Les hommes savent haïr : les femmes ne savent que détester. C'est bien pire.

Henri de Régnier (1929)

Leur esprit est méchant,
et leur âme fragile ;
Il n'est rien de plus faible
et de plus imbécile,
Rien de plus infidèle :
et malgré tout cela,
Dans le monde on fait tout
pour ces animaux-là.

Molière (1662)

Il y a trois choses qu'une femme ne pardonne pas à un homme : le bien qu'elle lui a fait, le mal qu'il lui a fait, et surtout le mal qu'elle n'a pas pu lui faire.

Marcel Pagnol (1895-1974)

Certaines femmes ne sont attachées aux hommes que par le mal qu'elles leur feront.

Henry de Montherlant (1895-1972)

Abstenez-vous de raconter à votre femme les infamies que vous ont faites celles qui l'ont précédée. Ce n'est pas la peine de lui donner des idées.

Sacha Guitry (1947)

Si tu doutes que ta femme soit odieuse, c'est qu'elle approche de la perfection.

Jean Rostand (1894-1977)

Menstruations

La menstruation et la grossesse, sans être à proprement parler maladives, dérangent l'équilibre mental, et portent préjudice au libre arbitre...

Dr Paul Julius Moebius (1900)

Le côté imprimerie, les serviettes tachées de sang. Cela ne m'empêche pas toujours de faire l'amour avec une femme…

Marcel Duhamel (XXe)

Il y a deux femmes dans la femme : la femme d'abord, et « la femme des règles ». La première est un animal doux, bienveillant, dévoué par nature. La seconde, un animal fou, méchant, trouvant un âpre plaisir aux souffrances de ce qui lui est associé dans la vie.

Edmond et Jules de Goncourt (XIXe)

La femme, enfant malade et douze fois impure.

Alfred de Vigny (1797-1863)

La menstruation est un mal. Tenez-vous à l'écart des femmes jusqu'à ce qu'elles redeviennent pures.

Le Coran

À partir d'un certain âge, les femmes ne trompent plus leur mari selon les règles.

Georges Elgozy (1909-1989)

Nous, les hommes, ça tourne rond, tandis qu'elles : toujours des à-coups. Mais faut dire que leurs mensualités y sont pour quelque chose. Ça leur brouille le fonctionnement du cerveau, parce qu'il y a un rapport entre les deux, c'est moi qui vous le dis.

Raymond Queneau (1942)

Au contact du sang des règles, les moissons ne germent pas, le vin surit, l'herbe jaunit, les arbres perdent leurs fruits, le fer est mangé de rouille et le cuivre s'oxyde. Si des chiens viennent à en avaler, ils deviennent fous.

Saint Isidore de Séville (v. 560-636)

Menteuses

Il est facile de savoir quand une femme ment : ses lèvres bougent !

Joël Rimbaud (1996)

Quand une femme dit la vérité, c'est pour déguiser un mensonge...

Dialogues du film Fanfan-la-Tulipe *(1952)*

Une femme est franche quand elle ne fait pas de mensonges inutiles.

Anatole France (1894)

On trouvera encore des diplomates qui mentiront plus et mieux que certaines femmes, mais on n'en trouvera pas un seul qui sache mentir plus vite.

Malcolm de Chazal (1948)

Quand un homme se donne la peine de mentir à une femme, elle devrait considérer ça comme une marque d'intérêt. C'est un peu comme si on lui apportait des fleurs.

Steve Passeur (1925)

La femme la plus bête est encore assez intelligente pour savoir bien mentir.

André Birabeau (XXe)

Une menteuse qui affronte un menteur, ce n'est plus du jeu, c'est de la concurrence déloyale.

Étienne Rey (1873-1940)

Les hommes aussi savent mentir, mais ils mentent comme les Français parlent les langues étrangères, ils n'ont jamais un très bon accent. Tandis que les femmes !

Sacha Guitry (1885-1957)

Les femmes sont tellement menteuses, qu'on ne peut croire le contraire de ce qu'elles disent.

Georges Courteline (1927)

Une femme dort. Elle triomphe. Elle n'a plus à mentir. Elle est un mensonge des pieds à la tête...

Jean Cocteau (1889-1963)

Il faut s'amuser à mentir aux femmes. On a l'impression qu'on se rembourse.

Sacha Guitry (1947)

Il est impossible à la femme de discerner le mensonge de la vérité... Peut-être faut-il mentir aux femmes pour qu'elles vous croient.

Edmond et Jules de Goncourt (XIXe)

Les femmes franches sont celles qui mentent intelligemment.

San-Antonio (1921-2000)

Il y a autant de variétés de menteurs que d'espèces de papillons. Il y a l'homme qui ment parce qu'il est bien élevé : celui-là, c'est un homme du monde. Il y a l'homme qui ment pour amuser les autres : celui-là, c'est un poète. Il y a l'homme qui ment par intérêt, par égoïsme ou par lâcheté : celui-là, c'est un mufle. Il y a l'homme qui ment pour le plaisir : celui-là, c'est un menteur. Enfin, il y a l'homme qui ment aux femmes : celui-là ne ment pas.

Francis de Croisset (1928)

C'est avec les mensonges du matin que les femmes font leurs vérités du soir.

Jean Giraudoux (1929)

Mères

La femme est dans la mère, et pas ailleurs. L'enfant achève la femme : sans lui, elle est incomplète.

Dr J.B. Fonssagrives (1869)

Combien d'enfants ont reçu de leur mère des baisers qui n'étaient pas pour eux !

Étienne Rey (1925)

Jésus était juif et trois faits incontestables le prouvent :

1- Il a habité jusqu'à trente ans chez sa mère.

2- Il était persuadé que sa mère était vierge.

3- Sa mère le prenait pour Dieu.

Woody Allen (1985)

Les femmes deviennent comme leur mère, c'est leur malheur.

Oscar Wilde (1854-1900)

J'ai toujours dit aux femmes que j'ai aimées : « J'aime ma mère plus que toi. »

Roger Hanin (1997)

Concevoir avant d'avoir joui de l'amour, ne recueillir du mariage, au lieu des joies attendues, que les dégoûts de la grossesse et les souffrances de l'enfantement, voir se déformer un corps qui n'a pas servi, être mère, en un mot, quand on n'a pas encore cessé tout à fait d'être vierge, quelle monstrueuse anomalie, et il faut toute la docilité des femmes pour que la colère ou la haine ne s'ajoute pas à leur désenchantement.

Léon Blum (1872-1950)

Le père doit être aimé plus que la mère parce qu'il est le principe géniteur actif tandis que la mère est passive.

Saint Thomas d'Aquin (1225-1274)

La maternité ? Une tuméfaction de l'utérus.

Saint Jérôme (v.347-420)

Si une femme favorise ses enfants par rapport à son mari, ceux-ci deviendront exigeants, le mari s'éloignera d'elle, elle perdra son équilibre moral et le foyer sera menacé de ruines.

Elle (1956)

J'ai souvent pensé que c'était parce qu'il m'avait destiné à être heureux que Dieu n'avait pas jugé utile de me donner une mère.

Marcel Achard (1935)

Métiers

Gynécologue, c'est un métier pour les sourds : y a rien à entendre et tu peux lire sur les lèvres.

Coluche (1944-1986)

Voilà donc les femmes médecins maintenant ! Ces prétentions sont exorbitantes car elles sont contraires à l'esthétique.

Pr Charcot (1825-1893)

C'est par erreur que, dans notre dernier numéro, nous avons annoncé que M. Yves Le Cloarec était pêcheur de poules. Nos lecteurs auront rétabli d'eux-mêmes. En réalité, M. Le Cloarec est lécheur de moules.

Maroc-Presse (1955)

L'ouvrière ne peut choisir qu'entre deux solutions : ou la prostitution, ou la famine et la mort lente. En tout cas, lorsqu'elle vieillit, il ne lui reste plus que cette dernière issue.

Émile Zola (1878)

Les cygnes chantent avant de mourir. Certaines chanteuses feraient bien de mourir avant de chanter.

George Bernard Shaw (1856-1950)

Misogynes

Je tire une immense satisfaction à me foutre un peu des femmes. J'ai l'impression de laisser une trace sale sur quelque chose que j'aime beaucoup. Comme lorsqu'on marche avec des pieds pleins de boue sur un magnifique tapis.

Olivier de Kersauson (XXe)

Misogyne, c'est-à-dire amoureux de la première venue.

Jules Renard (1864-1910)

Je suis contre les femmes. Tout contre.

Sacha Guitry (1885-1957)

Un homme qui méprise manifestement les femmes et s'efforce de les ridiculiser n'est pas obligatoirement un misogyne. Ce peut être aussi un grand couturier.

Peter Ustinov (1976)

Plus un homme aime les femmes, plus il est misogyne. Il sent que jamais, dans la grande œuvre de l'amour, ce ne sera sa partenaire qui sera la plus faible. Bref, il n'y a que les hommes qui n'aiment pas les femmes qui ne soient pas misogynes. Les pédérastes, si l'on préfère.

Jean Dutourd (1990)

Monstres

Je sais bien qu'avec ma passion pour les culs, les seins gigantesques, les matrones de la petite et moyenne bourgeoisie tellement grotesques et pulpeuses, je fais preuve d'un très mauvais goût...

Federico Fellini (1987)

Quatre jambons pendus au même clou, voilà l'amour ! Aller se fourrer entre la vessie et le rectum, entre l'urine et quelque chose de pis, voilà l'amour !

Voltaire (1694-1778)

N'oubliez jamais ce que risquent, en s'accouplant, un homme et une femme qui ne sont pas mariés ensemble : d'engendrer des monstres, de raccourcir leur vie de moitié, d'être atteints de surdité et de cécité, de perdre leurs cheveux, de devenir le réceptacle des pires maladies de notre temps, et, surtout de voir fermer à jamais devant eux les portes du Paradis.

Abbé Niolet (1849)

– J'aime la nature...
– Vous avez du courage, après tout ce qu'elle vous a fait !

Groucho Marx (XXe)

Mortes

J'attends un heureux événement : ma femme est mourante.

Harvey Smith (1982)

Il n'y a qu'une date pour les femmes, et à laquelle elles devraient mourir, c'est quand elles ne sont plus aimées.

Sophie Gay (XXe)

J'ai si bon cœur que je n'ai jamais souhaité la mort de ma femme. Au contraire, l'an dernier, quand elle a eu la jaunisse, j'ai souhaité qu'elle vive, car il y a déjà tant de méchantes femmes en enfer que Lucifer aurait été capable de me la renvoyer, et elle serait revenue encore plus mauvaise.

Ludvig Holberg (1722)

Je souhaite que mon épouse meure le plus tard possible. Mais avant moi.

San-Antonio (1921-2000)

La vérité, c'est qu'elle est morte depuis quatre ou cinq ans. Mais on ne le lui dit pas pour ne pas lui faire de la peine.

Gustave Quinson (XXe)

Mourir

Il n'y a pas de bonheur parfait, comme disait cet homme quand sa belle-mère mourut et qu'on lui présenta la note des pompes funèbres.

Jerome K. Jerome (1859-1927)

La femme donne au mari deux jours de bonheur : le jour où elle se marie, le jour où elle est enterrée.

Hipponax (XXe)

Oh ! l'éternel féminin, comme disait le monsieur dont la femme n'en finissait pas de mourir.

Alphonse Allais (1854-1905)

La vérité, c'est que dès l'instant où elles sont devenues femmes, dès l'instant où elles ont quitté l'enfance, elles doivent mourir. Si les hommes étaient des gentlemen, ils les tueraient le jour de leurs premières règles. Mais les hommes n'ont jamais été galants, ils préfèrent laisser traîner ces malheureuses de souffrances en souffrances plutôt que d'avoir la gentillesse de les éliminer.

Amélie Nothomb (1992)

Mufles

Celui qui cesse un seul jour d'injurier les femmes est un pauvre homme qui mérite le nom de sot.

Euripide (480-406 av. J.-C.)

Je crois que l'homme est souvent pardonnable de sa muflerie ! Elles font tout pour...

Michel Galabru (1996)

Je ne vous dit pas de frapper une femme comme on frappe un homme, mais une gifle peut être justifiée, si les tentatives ont échoué et si elle a été suffisamment prévenue. Quand une femme se conduit comme une salope ou de façon hystérique, je la gifle !

Sean Connery (XXe)

Je n'oublie jamais un visage, mais pour le vôtre, je ferai une exception.

Groucho Marx (XXe)

Parfois, je me demande s'il ne vaudrait pas mieux se comporter mal avec les femmes. Au moins, ça les conforterait dans l'idée qu'elles se font de nous !

Jack Nicholson (XXe)

Mystères

La vérité sur le sexe des femmes : c'est un muscle.

Georges Wolinski (1992)

Je n'ai rien contre les femmes, mais je n'ai toujours pas compris à quoi elles servent...

Herbert Higgins (1974)

La femme est-elle autre chose qu'un incontournable châtiment, un mal nécessaire, un malheur désirable, un péril domestique, une nuisance divertissante, un défaut de la Nature peint sous de belles couleurs ?

Saint Jean Chrysostome (v.349-407)

Après trente ans passés à étudier la psychologie féminine, je n'ai toujours pas trouvé de réponse à la grande question : que veulent-elles au juste ?

Sigmund Freud (1856-1939)

Il y a trois mystères que je ne suis jamais parvenu à percer : le flux et le reflux des marées, le mécanisme social des abeilles, et la logique des femmes.

Jean Cocteau (1889-1963)

Je ne sais pas quelle conjuration de cagots et de vieilles filles a pu réussir en deux siècles, à discréditer le mot plaisir.

Jean Anouilh (1950)

NQ

comme

Non !,
Nymphomanes,
Orgasme,
Positions,
Potiches,
Putes,
...etc.

Non !

On dit que c'est une religieuse qui a inventé le fil de fer barbelé.

James Joyce (1942)

Une femme vous dira non à dix heures du matin et oui à cinq heures de l'après-midi, sans que rien n'ait changé entre-temps, sinon l'heure...

Dictionnaire des Femmes (1961)

La femme qui veut réellement refuser se contente de dire « non ». Celle qui s'explique veut être convaincue.

Alfred de Musset (1810-1857)

Entre le oui et le non d'une femme, il n'y a guère de place pour une épingle.

Miguel de Cervantes (1547-1616)

Les femmes ont une force herculéenne pour serrer les genoux.

Louis Teissier du Cros (XXe)

Nymphomanes

Rien n'est plus poignant qu'une nymphomane qui ne sait pas déboutonner une braguette.

François Cavanna (XXe)

Nymphomane... Son lit est comme la mort : on y passera tous.

Louis Jouvet (1939)

Elle aime tellement la chose qu'elle ouvre les jambes au lieu du réfrigérateur quand tu lui demandes si elle a quelque chose à bouffer.

San-Antonio (1921-2000)

Il paraît que c'est une terrible et qu'elle a le feu aux fesses. On dit qu'en s'asseyant par terre, dans les Landes, elle a déclenché un incendie de forêt.

Henri Jeanson (1961)

J'ai entendu parler d'une femme qui a fait l'amour pendant son accouchement, entre deux contractions.

Catherine Jacob (1994)

Il existe un moyen fort simple d'empêcher une femme d'avoir toujours envie de faire l'amour. L'épouser...

Groucho Marx (1942)

Peut-être un jour les femmes comprendront-elles qu'elles ne trouveront ni dans la névrose des dancings, ni dans les frottements des tangos, ni dans les vices de la noce crapuleuse, le bonheur qu'elles croient perdu, mais qu'elles le trouveront seulement au foyer que leur a assigné la nature.

Georges-Anquetil (1926)

Je veux une bobonne et non pas un tyran.
À Léa qui prend feu quatre cents fois par an
Je préfère Margot, calme, affreuse, un peu bête...
Foin des beautés ! Margot, viens-t-en dans ma retraite.
Je donne dix volcans pour une chaufferette.

Victor Hugo (1853)

Orgasme

Si vous en avez marre des orgasmes bruyants de votre voisine de palier, demandez-lui, quand elle ouvrira la porte à son amant : « Au fait, toujours séropositive ? »

Michèle Bernier (1994)

Quatre-vingt-douze Françaises sur cent n'ont jamais connu l'orgasme. Les autres sont des salopes.

François Cavanna (XXe)

Les femmes sont généralement satisfaites d'avoir des orgasmes. Comme ça, au moins, elles savent quand elles doivent arrêter de faire l'amour.

Benny Hill (1987)

Il faut grimper sa femme avec beaucoup de précautions, la tripoter un minimum, s'agiter le moins possible, et éjaculer précocement afin d'éviter qu'elle ait un orgasme et qu'elle prenne de mauvaises habitudes. Il n'y a rien de plus ennuyeux qu'une femme qui vous réclame son plaisir comme un dû.

Georges Wolinski (1992)

Parler

La femme chante quand elle est seule, pour parler.

Edmond et Jules de Goncourt (XIXe)

La langue est l'épée de la femme car sa faiblesse physique l'empêche de se battre avec les poings et sa faiblesse intellectuelle la pousse à renoncer à donner des preuves : il ne lui reste donc que l'abondance des mots.

Dr Paul Julius Moebius (1900)

Je ne cause pas aux filles. On ne parle pas avec son sandwich.

Olivier de Kersauson (XXe)

Les femmes sont comme les chevaux, il faut leur parler avant de leur passer la bride.

André Maurois (1885-1967)

Quel est donc le premier imbécile qui a dit devant un portrait de femme : « Il ne lui manque que la parole » ?

Arsène Houssaye ((XXe)

C'était une femme exceptionnelle : avant de parler, elle savait ce qu'elle voulait dire.

Thomas Hardy (1902)

Il y a deux ans que je n'ai pas parlé à ma femme, c'était pour ne pas l'interrompre.

Jules Renard (1864-1910)

Parler de sentiments à des femmes de chair est aussi offensant que parler littérature à des gens qui ont faim.

Malcolm de Chazal (1902-1981)

Lorsqu'une femme te parle, souris-lui et ne l'écoute pas.

Ly-Kin (VIIe av. J.-C.)

Peau

La peau d'une fille, douce comme une vieille rampe d'escalier.

Edmond et Jules de Goncourt (XIXe)

Je ne m'en cache pas, j'adore les jeunes femmes un peu fortes, mais je les préfère énormes et voici la raison : j'ai un faible pour la peau humaine lorsqu'elle est tendue sur le corps d'une jolie femme ; or, j'ai remarqué que les grosses personnes offrent infiniment plus de peau que les maigres. Voilà.

Alphonse Allais (1854-1905)

Ce qui fait la beauté d'un rosier fait la laideur d'une femme, avoir beaucoup de boutons.

Victor Hugo (1802-1885)

Appelons la femme un bel animal sans fourrure dont la peau est très recherchée.

Jules Renard (1887)

Des femmes dont la peau semble de la flanelle pour les rhumatismes et qui sont grasses d'une vilaine graisse de rats nourris d'anguilles d'égout !...

Edmond et Jules de Goncourt (XIXe)

Pénis

Il ne faut pas que les femmes scient la branche sur laquelle elles sont assises, c'est-à-dire notre bite !

Georges Wolinski (1992)

La femme : deux paires d'ailes autour d'un phallus.

Edmond et Jules de Goncourt (XIXe)

Pour lui montrer que je n'étais pas jaloux, je me suis enduit la bite de mayonnaise, l'ai enroulée dans une tranche de jambon et suis venu m'astiquer sous ses yeux. Je me demandais si elle allait me pisser dans la bouche.

Philippe Djian (1993)

La femelle du membre sexuel s'appelle la femme.

François Cavanna (XXe)

Les femmes ne comprennent absolument rien à la verge. Elles croient que c'est une sorte de machine-outil automatique et qu'on peut régler ça comme on veut. Vous ne verrez jamais une femme se soucier de votre prostate, la plupart ne savent même pas à quoi ça sert.

Romain Gary (1975)

Le sexe, ce pauvre instrument à qui nous demandons tant de plaisir, alors qu'il ne peut donner que le soulagement.

Roger Fournier (1963)

Les femmes tâtent leur chignon comme les hommes tâtent leur braguette.

Henry de Montherlant (1895-1972)

L'homme a reçu de la nature une clé avec laquelle il remonte la femme toutes les vingt-quatre heures.

Victor Hugo (1802-1885)

Messieurs, en vous tapant des naines, vous aurez l'impression d'avoir une plus grosse bite.

Les Nuls (1991)

Penser

L'homme est fait pour penser, la femme pour aimer.

Auguste Comte (1798-1857)

Elles parlent plus vite qu'elles ne pensent et pensent plus vite qu'elles ne réfléchissent.

Gaston Derys (1934)

Une dame disait un jour devant moi, d'elle-même, comme la chose la plus naturelle du monde :
– Je ne pense jamais, cela me fatigue ou, si je pense, je ne pense à rien.

Georges Courteline (1927)

Les femmes sont étonnantes : ou elles ne pensent à rien, ou elles pensent à autre chose.

Alexandre Dumas (1802-1870)

Penser est, pour un grand nombre de femmes, un accident heureux plutôt qu'un état permanent.

Daniel Stern (1805-1876)

Poésie

Quand la femme imagina de faire graver à l'homme des cœurs enlacés sur les arbres, il se vengea en inventant les graffitis des pissotières. Quand elle créa la chanson d'amour, il créa la chanson de corps de garde. Quand elle mit au point le flirt, il inventa le pince-fesse. Elle inspira la poésie courtoise, il inspira le cinéma cochon. Elle inventa les serments, il inventa les mensonges...

François Cavanna (XXe)

Le premier qui compara la femme à une rose était un poète, le second était un imbécile.

Gérard de Nerval (1808-1855)

Le romantisme est à la femme ce que le couteau à huître est au mollusque : un moyen de l'ouvrir.

Olivier de Kersauson (XXe)

À la fornication elle s'emmerde,
elle s'emmerde avec ostentation,
Elle s'emmerde, vous dis-je.
Au lieu de s'écrier :
« Encore ! Hardi, hardi ! »
Elle déclame du Claudel.
Du Claudel, j'ai bien dit !
Alors ça, ça me fige.
Elle m'emmerde, elle m'emmerde.
J'admets que ce Claudel
Soit un homme de génie,
Un poète immortel.
Je reconnais son prestige,
Mais qu'on aille chercher
Dedans son œuvre pie
Un aphrodisiaque,
Non, ça c'est de l'utopie.
Elle m'emmerde, vous dis-je !

Georges Brassens (1969)

Poils

Alors que tout le monde se préoccupe des grossesses involontaires, personne ne se préoccupe des poils indésirables. Je pense qu'il faudrait leur réserver un lieu, un musée du poil, un poilatorium.

Leonard Cohen (1997)

Qu'est-ce qu'une femme élégante ? C'est une femme qui vous méprise et qui n'a pas de poil sous les bras.

Salvador Dali (1904-1989)

Elle avait un poil dans la main. Et tous les autres sur les jambes.

Bernard Thévenin (1999)

Dieu, dans sa divine prévoyance, n'a pas donné de barbe aux femmes parce qu'elles n'auraient pu se taire pendant qu'on les eût rasées.

Alexandre Dumas (1802-1870)

Votre sexe n'est là que pour la dépendance : du côté de la barbe est la toute-puissance.

Molière (1662)

Poitrine

Quand je regarde une poitrine de femme, je vois double.

Jules Renard (1864-1910)

Que de femmes ont de la cervelle plein la poitrine !

Mme de Pompadour (1721-1764)

Sur le papier glacé des magazines, ces protubérances femelles sont déjà à la limite de l'inacceptable. Que dire de celles des vraies femelles, de celles qu'on n'ose pas montrer et qui sont l'immense majorité des mamelles ?

Amélie Nothomb (1992)

Une femme sans poitrine, c'est un lit sans oreillers.

Anatole France (1844-1924)

On est plus près du cœur quand la poitrine est plate.

Louis Bouilhet (1821-1869)

Politiciennes

À chaque fois que j'ai voulu lancer une femme, ça m'est retombé sur la gueule !

Jacques Chirac (XXe)

Une femme qui voterait les lois, discuterait le budget, administrerait les deniers publics, ne pourrait être autre chose qu'un homme.

Charles Nodier (1932)

À vrai dire, aucune femme moche ne peut réussir en politique... Pour réussir en politique, que l'on soit un homme ou une femme, il faut avoir une capacité à convaincre. Convaincre, c'est séduire, donc il vaut mieux être bien physiquement.

Édith Cresson (1991)

Ces dames voudraient être députés. Eh bien ! non, qu'elles restent ce qu'elles sont : des putes.

Raymond Duplantier (1936)

Si une femme politique est jolie, on sous-entend qu'elle couche. Si elle est quelconque, on dit que c'est un « tas ».

Élisabeth Guigou (1997)

Politique

Si la femme avait prédominé sur l'homme, songe-t-on au mauvais gouvernement, à la mauvaise justice, à la mauvaise administration que le monde aurait eus ?

Edmond et Jules de Goncourt (XIXe)

Toute femme qui se mêle volontairement d'affaires au-dessus de ses connaissances et hors des bornes de son devoir est une intrigante.

Marie-Antoinette, reine de France (1785)

Un ministère de la Condition féminine ? Et pourquoi pas un sous-secrétariat d'État au tricot ?

Charles de Gaulle (1890-1970)

Quel qu'il soit, tout homme a besoin d'une femme, ne serait-ce que parce qu'on ne peut pas toujours se plaindre du gouvernement.

Robert Rocca (XXe)

Si l'on avait attendu les femmes pour faire la révolution, on en serait encore à l'âge de pierre.

Antonio Gramsci (XXe)

Positions

La situation naturelle pour le coït est que la femme soit couchée sur le dos et reçoive sur elle son mari. Ceux qui s'écartent de cette voie doivent être fortement blâmés, et doivent y être ramenés sous peine de se voir refuser l'absolution, car cette infraction de l'ordre naturel est plutôt le fait des prostituées que celui des femmes légitimes.

Abbé Louvel (XIXe)

Pourquoi les hommes sont-ils souvent au-dessus quand ils font l'amour ? – Tu as déjà essayé de remplir une gourde à l'envers, toi ?

Joël Rimbaud (1996)

Il y a deux manières de prendre une femme : par la taille et par le sentiment.

Henry Bataille (1872-1922)

Les seules créatures qui s'accouplent en se faisant face sont l'homme et le sandwich au pâté.

François Cavanna (XXe)

On est d'abord côte à côte, puis face à face, puis dos à dos.

Sacha Guitry (1947)

Potiches

Je ne suis pas pour la femme-objet, au contraire j'aime bien quand c'est moi qui ne bouge pas.

Pierre Desproges (1939-1988)

Notre plus bel atout, c'est notre féminité ! Alors je vous dis, mesdames : à vos soutien-gorge et porte-jarretelles. Mais sachez aussi mettre la table...

Nadine de Rothschild (XXe)

Je me soucie assez peu de faire épeler l'alphabet de l'amour à de petites niaises. Je préfère les femmes qui lisent couramment, on est plus tôt arrivé à la fin du chapitre...

Théophile Gautier (1811-1872)

Les femmes ne sont au monde que pour dormir, pour être grasses, pour être belles, pour ne rien faire, et ne dire que des sottises.

Mlle de Scudéry (1607-1701)

Puisque la femme revendique ses droits, ne lui en reconnaissons qu'un seul : le droit de plaire.

Guy de Maupassant (1850-1893)

Elle a presque l'air d'une femme comme il faut, en n'étant qu'une femme comme il en faut.

Honoré de Balzac (1837)

Toute l'éducation des femmes doit être relative aux hommes. Leur plaire, leur être utile, se faire aimer et honorer d'eux, les élever jeunes, les soigner grands, les conseiller, les consoler, leur rendre la vie agréable et douce : voilà les devoirs des femmes de tous les temps, et ce qu'on doit leur apprendre dès l'enfance.

Jean-Jacques Rousseau (1712-1778)

Soyez donc ce que l'on demande de vous : douce, réservée, renfermée, dévouée, laborieuse, chaste, tempérante, vigilante, docile, modeste, et nous ne discuterons pas vos mérites...

Pierre-Joseph Proudhon (1809-1865)

Pucelage

Parfois, nous pensons avec horreur aux vierges. Pénétrer dans leur passion nous paraît aussi difficile et aussi embêtant que d'ouvrir une boîte de sardines, alors qu'il est si commode qu'elles nous arrivent déjà ouvertes...

Ramón Gómez de la Serna (1888-1963)

Deux Français sur cinq procèdent eux-mêmes au dépucelage de leur fille le soir de leur première communion. Les autres sont athées.

François Cavanna (XXe)

Les pucelages, c'est comme les porte-monnaie. Il s'en perd tous les jours... mais on n'en trouve jamais.

Adrien Hébrard (1833-1914)

Le pucelage est un petit oiseau qui n'a pas de queue. Quand on lui en met une, il s'envole.

Alexis Piron (1689-1773)

Lorsqu'à vingt ans un jeune homme n'a rien dans le ventre, il ne faut pas désespérer de lui. Pour une jeune fille, c'est tout le contraire.

Paul Masson (XXe)

Putes

Dans le peuple, l'air malsain et les promiscuités jettent la jeune fille aux bras du premier homme qui passe : c'est la prostitution immédiate, avant le mariage. Dans la bourgeoisie, la jeune fille est gardée pure jusqu'au mariage ; seulement, après le mariage, l'effet du milieu gâté et de l'éducation mauvaise se produit et la jette aux bras d'un amant : ce n'est plus la prostitution, c'est l'adultère, il n'y a que le mot de changé.

Émile Zola (1840-1902)

Fermer les maisons closes, c'est plus qu'un crime, c'est un pléonasme.

Arletty (XXe)

Dans toutes les femmes honnêtes, il y a la nostalgie de la prostitution.

France Roche (1988)

Tout ce qui est public devrait être gratuit. L'école, les transports et les filles.

Alphonse Allais (1854-1905)

Ah ! comme les putains les moins chères sont bien celles qu'on paie !

San-Antonio (1921-2000)

Toutes, vous
autres femmes [...]
Vous êtes,
vous serez,
vous fûtes
De fait, ou de
volonté, putes.

Jean de Meung (v. 1240-v. 1305)

La prostitution est l'état ordinaire de la femme.

Théophile Gautier (1811-1872)

Toutes des putes ; et elles le sont de plus en plus jeunes. À l'échographie, déjà, ça doit se voir…

San-Antonio (1921-2000)

Quand on a été ministre ou fille publique, ne fût-ce qu'un jour, on a droit au titre toute sa vie.

Me César Campinchi (1937)

La prostitution n'est qu'une des formes de la joie de vivre. Et par joie de vivre, j'entends la nécessité pour la femme paresseuse et veule de gagner son pain à la sueur de son... front et l'obligation, pour la femme orgueilleuse et avide de luxe, de gagner ses perles, ses toilettes et son auto à la force de son... poignet.

Maurice Dekobra (1927)

Quarantaine

Quand les femmes ont passé trente ans, la première chose qu'elles oublient, c'est leur âge ; lorsqu'elles sont parvenues à quarante, elles en perdent entièrement le souvenir.

Ninon de Lenclos (1620-1705)

Il est très difficile de faire entrer une femme dans sa quarantième année. Et plus difficile encore de l'en faire sortir.

André Roussin (1911-1987)

Une nénesse qui prend de la bouteille, ça tourne vite en rombière, surtout si l'encolure commence à gagner en largeur ; et quand une rombière engraisse en gardant de la fermeté, c'est déjà presque une pétasse. Mais malheur si ça ramollit : nous tombons dans la pouffiasse !

Georges Duhamel (1884-1966)

Elle n'est pas de la première fraîcheur : elle a commencé les matchs retour et les années à domicile comptent double.

San-Antonio (1921-2000)

Quitter

La femme idéale ?
C'est celle qui est partie.

Olivier de Kersauson (XXe)

Les femmes, il n'y a pas plus féminin. Fatalement, elles veulent toutes me changer. Elles veulent que je change. Alors je change. De femme.

Guy Bedos (XXe)

En amour, la victoire de l'homme, c'est la fuite.

Napoléon Ier (1769-1821)

Ne te laisse pas prendre à la beauté d'une femme. Mieux vaut la malice d'un homme que la bonté d'une femme. Si elle n'obéit pas au doigt et à l'œil, sépare-toi d'elle.

La Bible

La plus grande saleté qu'on puisse faire à un homme qui vous a pris votre femme, c'est de la lui laisser !...

Sacha Guitry (1885-1957)

Une femme qui s'en va avec son amant n'abandonne pas son mari, elle le débarrasse d'une femme infidèle.

Sacha Guitry (1947)

– J'ai une bonne et une mauvaise nouvelle pour toi, dit-elle.
– Ah ?
– Je vais te quitter...
– Et quelle est la mauvaise ?

Michel Audiard (1967)

Quand une femme se fait la malle, on regrette surtout ce qu'elle a mis dedans.

Yvan Audouard (XXe)

– Dis-moi qu'un jour tu me reviendras.
– Un jour peut-être, mais pas plus.

Sacha Guitry (1885-1957)

Une femme entre dans votre vie, c'est merveilleux. Elle en sort, c'est providentiel.

Paul Morand (1888-1976)

Quand on fait l'amour pendant une heure avec une belle fille, on a l'impression que ça a duré cinq minutes. Quand on prend le thé cinq minutes avec une fille laide, on a l'impression que ça dure une heure. Eh bien, la relativité, c'est ça !

Albert Einstein (1879-1955)

– Quelles sont,
selon vous,
les femmes
les plus fidèles ?
Les blondes,
les brunes ou
les rousses ?
– Les grises.

Maurice Maloux (1983)

Dans les bras de son premier amant, la femme rêve déjà au second.

Pierre Louÿs (1870-1925)

RS

comme

Ruminantes,
Salopes,
Séduction,
Seins,
Silence,
Soumises,
...etc.

Raté !

La femme est un mâle puni. Ceux des mâles qui ont été couards ou ont mal vécu seront transmués en femelles à leur deuxième naissance.

Platon (v.427-347 av. J.-C.)

Les femmes sont une parfaite malédiction. Je pense qu'elles sont vraiment une sorte d'erreur fondamentale.

William Burroughs (1971)

En tant qu'individu, la femme est un être chétif et défectueux. C'est un être occasionnel et accidentel.

Saint Thomas d'Aquin (1228-1274)

La femme est un produit de l'homme. Dieu a créé la femelle, et l'homme a fait la femme ; elle est le résultat de la civilisation, une œuvre factice.

Gustave Flaubert (1853)

On peut affirmer que la femme n'est qu'un mâle raté, une erreur de la nature, le résultat d'un défaut de fabrication.

Aristote (384-322 av. J.-C.)

Réfléchir

Les idées ne manquent pas aux femmes : c'est la réflexion approfondie qui leur fait défaut.

Bernadette Jouvin (1907)

Les femmes devinent tout : elles ne se trompent que quand elles réfléchissent.

Alphonse Karr (1808-1890)

Les hommes réfléchissent avec leur tête, les femmes avec leur cœur... ou Dieu sait quoi ?

Lord Byron (1788-1824)

Elle n'a pas d'idées, ce qui est la plus sûre façon pour une femme de n'en avoir pas de fausses.

Henry de Montherlant (1936)

Les femmes sont comme des miroirs, elles réfléchissent mais ne pensent pas.

Schopenhauer (1788-1860)

Rire

J'aime une femme qui rit. Il semble alors que son vagin remonte jusqu'à sa bouche, en vrillant, comme certaines fusées de feux d'artifice.

Henry de Montherlant (1895-1972)

Le monde finira le jour où les jeunes filles ne riront plus des plaisanteries scatologiques.

Edmond et Jules de Goncourt (XIXe)

Une jeune femme bien élevée ne doit rire qu'avec réserve, et même se borner à sourire. Le gros rire, au lieu d'annoncer de l'esprit, est toujours la marque du mauvais ton et d'une éducation négligée.

Baron de Mengin-Fondargon (1843)

Si jamais une femme me fait mourir, ce sera de rire.

Jules Renard (1864-1910)

Mesdames, souriez afin que plus tard vos rides soient bien placées.

Mme de Maintenon (1635-1719)

Ruminantes

J'en ai approché d'autres, je parle des femmes, seulement approché, auprès de qui nos sœurs les vaches auraient été des modèles de raffinement et d'élégance.

Jules Roy (1993)

La femme est un joli animal, mais c'est un animal. Elle est avide de baisers comme la chèvre de sel.

Pierre-Joseph Proudhon (1809-1865)

Ma femme a voulu aller voir les vaches au Salon de l'agriculture : on ne l'a pas laissée ressortir...

Pierre Folenfant (1989)

Les femmes notamment existent si peu pour moi que je parviens difficilement à les distinguer les unes des autres, comme les moutons d'un troupeau.

Michel Tournier (XXe)

La femme : un chameau que Dieu nous donne pour traverser le désert de la vie.

Mahomet (v. 570-632)

Rupture

Une gonzesse qui s'en va, c'est dix copains qui reviennent !

Renaud (XXe)

« Une gonzesse de perdue, c'est dix copains qui reviennent... » L'emmerde, c'est que j'ai pas envie de fourrer les potes.

San-Antonio (1921-2000)

On ne réalise vraiment qu'une femme contient de la dynamite que lorsqu'on la laisse tomber.

Marcel Pagnol (1895-1974)

Les femmes, c'est comme les chaussures : quand on les quitte, il faut y mettre les formes.

Pierre Dac (1893-1975)

Les seules lettres d'amour qui aient quelque utilité sont les lettres de rupture.

Étienne Rey (1925)

Salopes

L'obsédé sexuel pense sans cesse aux femmes. C'est donc un dégénéré, un asocial, un cochon, un monstre. Ne soyez pas un obsédé sexuel. Ne pensez pas sans cesse aux femmes. Efforcez-vous plutôt de penser à ce qu'elles ont entre les cuisses. Le reste, on s'en fout.

François Cavanna (XXe)

Il y a deux sortes de femmes : les moches et les salopes. Et encore, j'en connais des moches qui sont de belles salopes.

Georges Wolinski (XXe)

Il vaut mieux être plusieurs sur une bonne affaire, que seul sur une mauvaise.

Tristan Bernard (1866-1947)

Pour moi, traiter une femme de salope, c'est lui témoigner de la tendresse.

Kevin Costner (1998)

Il trompait tellement sa maîtresse qu'on pouvait penser qu'elle était sa femme légitime.

Maurice Donnay (1859-1945)

Comme Dieu est bon d'avoir créé la femme salope ! Sinon, elle ne serait que chiante.

San-Antonio (1921-2000)

La femme est vampire, gouge, mangeuse, buveuse, son sexe se nourrit gloutonnement du sexe mâle.

Simone de Beauvoir (1908-1986)

Les hommes portent leur cœur dans leur sexe, les femmes portent leur sexe dans leur cœur.

Malcolm de Chazal (1948)

J'ai souvent remarqué que les cocus épousaient de préférence les femmes adultères.

Alphonse Allais (1855-1905)

Une de ces dames dont il vaut mieux interroger la concierge que la conscience.

Jules Renard (1864-1910)

Santé

Personne ne peut nier que le remède est pire que le mal quand on a réalisé l'épouvantable dommage moral provoqué chez les jeunes filles par les manipulations médicales. J'ai observé des jeunes femmes célibataires appartenant à la classe moyenne, réduites à l'état mental et moral de prostituées par l'usage constant du spéculum, cherchant à s'offrir seules les mêmes libertés au moyen de ce vice solitaire et suppliant chaque médecin traitant d'examiner leurs organes sexuels.

Dr Robert Brudenell-Carter (1900)

La faiblesse sied à une femme, elle le sait : elle sent qu'elle intéresse davantage en paraissant un être délicat. Voilà pourquoi nos femmes, quoique bien portantes, apprennent à marcher nonchalamment, à grasseyer, à faire la malade, à se plaindre de leurs nerfs.

Louis-Sébastien Mercier (1782)

Il est meilleur pour la santé d'avoir des femmes dans la mémoire que sur les genoux.

Maurice Chevalier (1942)

Quand elle eut de mes os sucé toute la moelle,
Et que languissamment je me tournai vers elle
Pour lui rendre un baiser d'amour, je ne vis plus
Qu'une outre aux flancs gluants, toute pleine de pus !

Charles Baudelaire (1821-1867)

Séduction

Quand un homme aborde avec une femme, sur un divan, le sujet de la douloureuse mutation de la droite française ou celui de la façon de combler le gouffre de la sécu, le but de l'opération reste strictement le même qu'aux temps où il lui parlait de la couleur de ses yeux, à savoir : arriver à lui introduire son gros machin à lui dans son petit truc à elle et exercer un actif mouvement de va-et-vient jusqu'à obtention d'un résultat satisfaisant pour les deux parties.

François Cavanna (XXe)

Il est souvent plus difficile d'adresser la parole à une femme que de coucher ensuite avec elle.

Gilbert Cesbron (1913-1979)

Ne cherche pas à décrocher la lune pour l'offrir à une femme, va plutôt chez Cartier.

San-Antonio (1921-2000)

Ce qu'il faut dire de fadaises
Pour voir enfin du fond de son lit
Un soutien-gorge sur une chaise
Une paire de bas sur un tapis.

Claude Nougaro (1962)

Il était tellement obsédé qu'à la fin il sautait même des repas !

Pierre Desproges (1939-1988)

Tu vas chez les femmes ? N'oublie pas d'apporter le fouet.

Friedrich Nietzsche (1886)

La plupart des femmes qu'on n'a pas eues, c'est qu'on ne les a pas demandées.

Marcel Pagnol (1895-1974)

On ne respecte que les femmes qu'on ne désire pas...

Roland Dorgelès (1927)

Elle était assez femelle pour n'attendre d'une cuirasse rien de mieux que le bonheur de la capitulation et le plaisir de la défaite.

André Pieyre de Mandiargues (1963)

Il y a des femmes qui se jettent à votre cou comme elles se lanceraient à la tête d'un cheval – pour vous faire croire que vous êtes emballé.

Sacha Guitry (1947)

Seins

Une Athénienne a obtenu l'annulation de son mariage après avoir surpris sa belle-mère en train de donner le sein à son mari – un haut fonctionnaire de quarante-quatre ans – pendant son voyage de noces à Venise...
Le premier soir, a rapporté la jeune femme au tribunal, son mari s'est rendu dans la chambre de sa mère pour lui souhaiter bonne nuit, comme il en avait l'habitude. Son absence se prolongeant, la jeune mariée est allée voir ce qui se passait et a trouvé son époux, langé comme un bébé, tétant tendrement le sein généreux de sa mère.

Dépêche de l'Agence France-Presse (19 février 1984)

Cachez ce sein que je ne saurais voir autrement qu'avec une loupe.

Georges Armand Masson (XXe)

Mesdames, si on vous embrasse le sein gauche, tendez le sein droit.

Marcel Mariën (XXe)

Autrefois, les seins servaient à nourrir les enfants, aujourd'hui ils servent à nourrir les cinéastes.

Jules Romains (1924)

Les femmes devraient avoir les seins dans le dos. Ce serait plus agréable pour danser.

Jean-Claude Brialy (XXe)

Une paire de lolos bien gonflés, c'est comme une balle de foot, ça rebondit toujours mieux dans l'action.

Thierry Roland (1995)

Chez bien des femmes, les pensées s'élèvent quand les seins tombent.

Pierre Belfond (XXe)

Elle a les seins un peu tombants et des nids aux épaules. Cela m'est égal, je ne m'en sers jamais. Les épaules des femmes sont pour les danseurs et ses seins pour ses enfants.

Jules Renard (1892)

– Quel décolleté, Madame ! Quel décolleté, Madame !
– Pourquoi le dites-vous deux fois ?
– C'est l'écho !

Pierre Doris (XXe)

Sexe féminin

Sexe féminin : l'épicentre, l'éteignoir, l'allée cavalière, la baie des Anges, la boîte à lettres à moustache, la botte de persil, l'étui à cigare, le vide-poche, la boutique à cresson, le cadre noir de Saumur, la case départ, le centre d'hébergement, le chemin des dames, la contrebasse à poils, le hangar à fourrage, le mollusque à crinière, le moule à farce, le parcours du combattant, la pelouse, la surface de réparation, la tirelire à moustaches, le tiroir du bas.

San-Antonio (1921-2000)

Les femmes regardent leur sexe comme un gagne-pain.

Edmond et Jules de Goncourt (XIXe)

La plupart des femmes ont entre leurs cuisses un petit sexe anémique, triste et falot, qu'un rien met à sec de tout désir, et qui se contente de recevoir de temps en temps une rapide giclée dont il peut d'ailleurs se passer pendant des mois et des mois.

Jacques Sternberg (1974)

Il est bien malaisé de garder un trésor dont tous les hommes portent la clé.

François de Bassompierre (1579-1646)

Si le créateur n'avait pas placé, chez la femme, la salle de jeu si près des cabinets, on ne parlerait pas de Freud.

José Artur (1993)

« Mais qu'est-ce qui m'a fichu un con pareil ! », s'écria le jeune marié en découvrant celui de sa femme...

Jean-Louis Mangin (1943)

Pour se diriger parmi l'écueil des hommes, les femmes se servent de leurs yeux comme sextants, de leur sexe comme boussole, et de leur bouche comme gouvernail.

Malcolm de Chazal (1902-1981)

Ne vous avisez jamais d'approcher volontairement vos yeux des parties les plus intimes d'une femme car c'est là que loge le démon, c'est là qu'il vous guette ; s'il aperçoit votre visage, ne fût-ce qu'un instant, sachez qu'il vous crèvera impitoyablement les yeux de sa fourche brûlante.

Abbé J. Gagnet (1881)

Ce qui rend les femmes vulnérables, c'est leur sexe : ce grand orifice dans lequel même les insectes peuvent ramper.

Madonna (1991)

Silence

J'aime les femmes qui ne parlent pas et qui ne se font pas payer trop cher.

Prosper Mérimée (1825)

C'est un don de Dieu qu'une femme silencieuse.

La Bible

Ma femme, par exemple, pour me dire qu'elle est allée acheter du pain, elle va me parler pendant vingt minutes. Moi, je trouve que ça a énormément de charme... Mais quand on n'a que ça à faire !

Jean-Pierre Foucault (1993)

Le silence est la seule chose en or que les femmes détestent.

Pierre Daninos (XXe)

Il faut battre une femme quand il n'y a pas d'autre moyen de la faire taire.

Georges Courteline (1927)

La force des femmes n'est pas dans ce qu'elles disent, mais dans le nombre de fois qu'elles le disent.

Marcel Achard (1899-1974)

Les femmes n'iront pas au paradis, car il est dit dans un verset de l'Apocalypse : « Et il se fera au ciel un silence d'une demi-heure ! »

Henry de Montherlant (1895-1972)

On ne peut espérer rien de fort bon d'une femme, si on ne la réduit à réfléchir de suite, à examiner ses pensées, à les expliquer d'une manière courte, et à savoir ensuite se taire.

Fénelon (1651-1715)

Quand une femme a le don de se taire, elle a des qualités au-dessus du vulgaire.

Pierre Corneille (1643)

Soumises

Quand un monsieur vous a tout donné, la moindre des choses, c'est de lui rendre la monnaie de sa pièce. Être à son écoute (même lorsqu'il raconte en public la même histoire pour la trentième fois), être à sa dévotion, belle à voir, douce à entendre, utile à sa carrière, soumise à toutes ses obligations et, surtout, discrète. La légèreté chez la femme est une qualité essentielle : ne pesez jamais sur un homme !

Nadine de Rothschild (1987)

Le premier devoir des femmes mariées est la soumission... On se représente le désordre d'une maison qui n'aurait pas de chef, où chacun voudrait être le maître.

Abbé Joly (XIXe)

Filles qui êtes
à marier,
Ne levez pas
tant la tête,
Car on vous
la fera baisser,
Quand vous
serez mariées.

Chanson populaire française (XIXe)

Nous devons tenir compte, dans nos conclusions, de la terrible puissance d'abaissement qui se trouve dans la femme.

François Mauriac (1885-1970)

L'assujettissement des femmes sera nécessairement indéfini parce qu'il repose sur une infériorité naturelle que rien ne saura détruire.

Auguste Comte (1798-1857)

L'homme doit être élevé pour la guerre et la femme pour le délassement du guerrier. Tout le reste est folie.

Friedrich Nietzsche (1844-1900)

Ce sexe est fait pour être assujetti ; et je prédis aux peuples de l'Europe qu'ils n'auront des mœurs et de la tranquillité, que lorsqu'ils l'auront remis à sa place.

Nicolas Restif de la Bretonne (1784)

Les femmes ne demandent au fond qu'à se soumettre et elles ne sont turbulentes que devant la faiblesse de l'homme. Il faut voir avec quel empressement elles savent s'abaisser, dès qu'elles rencontrent un vrai maître.

Étienne Rey (1873-1940)

Sport

Tous les exercices sportifs qui obligent à prendre des postures peu convenables pour les jeunes filles doivent être sévèrement exclus.

M. A. Théry (1837)

Le ballon, c'est comme une femme, il aime les caresses.

Éric Cantona (1992)

La femme n'a besoin d'aucun exercice ni jeu. Son activité physique est suffisante pour elle, quel que soit son genre de vie ; du reste, tout exercice chez elle peut même devenir dangereux, parce que son corps (organes et squelette) n'est pas fait pour fournir une grande dépense musculaire...

Dr A. Narodetzi (1910)

Moi, je suis assez terrorisé par les femmes sportives... Leur sang a une façon de circuler que je trouve un peu voyante. Elles respirent comme si, à chaque fois, elles découvraient l'oxygène.

Jules Romains (1885-1972)

Des olympiades femelles seraient inintéressantes, inesthétiques et incorrectes. Le véritable héros olympique, c'est l'adulte mâle.

Baron Pierre de Coubertin (1863-1937)

L'enfourchement d'une bicyclette, les contorsions frénétiques et réitérées du tennis, les violentes tractions du canotage n'ont rien de très esthétique pour une femme…

Bernadette Jouvin (1907)

Je vois des mémères dans les stations de sports d'hiver qui feraient mieux de faire de l'avalanche que du ski.

San-Antonio (1921-2000)

Une femme qui ne désire pas être secouée de temps en temps est une malade du ventre ou du cerveau.

Fanny Deschamps (1978)

J'ai toujours considéré qu'un homme était plus apte à saisir les subtilités du foot qu'une femme.

Thierry Roland ((XXe)

TZ

comme

Télévision,

Travaux ménagers,

Vagin,

Vieilles,

Vierges,

Zéro,

...etc.

Télévision

– **Qu'est-ce qui, dans la vie quotidienne, vous agace le plus chez une femme ?**
– Qu'elle fasse tomber la canette de bière que j'ai posée sur sa tête au début du match à la télé.

Antoine de Caunes (1991)

Il avait la tête de quelqu'un qui vient de perdre à un jeu télévisé. Sa femme était morte le matin.

Yvan Audouard (XXe)

Péripéta... Paritépa... Péripatétite... Tépripate... Ah ! zut ! Disons speakerine, c'est plus simple !

Laurent Ruquier (1995)

Tiens, on râle contre la télé, mais c'est bien commode ! Moi quand j'ai pas envie de parler à ma bonne femme [...], je branche le truc et je suis peinard.

René Fallet (1964)

Tête

Des anthropologues ont trouvé que le crâne de la femme blanche se rapproche de celui du nègre et que le crâne d'une négresse est inférieur à celui d'un Noir ; la conclusion serait donc que le crâne de la femme blanche se rapproche d'un type de crâne qui rappelle une race inférieure.

August Strindberg (1893)

Chez la femme, la tête est plus petite. Une petite tête contient naturellement aussi un petit cerveau.

Dr Paul Julius Moebius (1900)

Comme elles n'ont pas de tête, les femmes ne peuvent pas la perdre.

Henri Jeanson (1900-1970)

Dès qu'une femme me montre ses dents, si belles qu'elles soient, je vois déjà sa tête en tête de mort.

Jules Renard (1864-1910)

La tête d'une femme est comme la girouette
Au haut d'une maison, qui tourne au premier vent.

Molière (1622-1673)

Têtues

Les femmes ne suivent pas les mauvais conseils ; elles les précèdent.

Abel Hermant (1862-1950)

Ce qu'une femme appelle avoir raison, c'est n'avoir pas tous les torts.

Sophie Arnould (1987)

Les femmes croient volontiers que parce qu'elles ont fait le contraire de ce qu'on leur demandait, elles ont pris une initiative.

Sacha Guitry (1885-1957)

Aucun homme n'a pu découvrir le moyen de donner un conseil d'ami à une femme, pas même la sienne.

Honoré de Balzac (1799-1850)

La mauvaise conscience, c'est pour les hommes ; les femmes l'ont presque toujours bonne, quand elles en ont.

Pierre Reverdy (1889-1960)

Travail

L'introduction toujours croissante de la main d'œuvre féminine dans l'industrie détruira complètement la vie de famille de l'ouvrier et la dégénérescence de l'espèce est donc inévitable.

Auguste Bebel (1891)

Quant à mener de front la vie professionnelle et la vie d'épouse et de mère [...], la plupart s'y épuisent ou n'y réussissent qu'en sacrifiant l'essentiel et qu'en renonçant à ce pourquoi elles ont été créées et mises au monde : la maternité.

François Mauriac (1885-1970)

Ne laissons pas les femmes travailler ! Il est fort heureux pour son auréole sublime de mère de famille que l'homme se charge de l'arrêter sur le seuil du grotesque, de la mascarade.

Jean Alesson (1900)

Le travail des femmes est une calamité, un mal social. Une femme entrée honnête et sage dans un atelier ne tarde pas à se dépraver, étant sans cesse en butte aux séductions des ouvriers qui l'entourent.

4ème congrès de la CGT (1898)

Pendant que les hommes travaillent, turbinent, calculent, s'efforcent, additionnent, supputent, les femmes, tout simplement et comme c'est leur nature, quel que soit leur âge et quelle qu'ait été leur vie, rêvent, et continuent de rêver.

Hervé Lauwick (1961)

La dégradation sociale des travailleuses est extrême et lamentable. Quand ces jeunes filles deviennent les femmes des ouvriers mineurs, les hommes souffrent profondément de leur dégradation, et cela les entraîne à quitter leur foyer et à s'adonner à la boisson.

Karl Marx (1818-1883)

Faire l'amour avec une femme qui ne vous plaît pas, c'est aussi triste que de travailler.

Jean Anouilh (1931)

Le travail des femmes est facteur de chômage et de dénatalité. Plutôt que d'envoyer les femmes au travail, mieux vaut les envoyer au lit !

Jacques Henriet, sénateur du Doubs (1979)

L'envie de réussir chez une femme est une névrose, le résultat d'un complexe de castration dont elle ne guérira que par une totale acceptation de son destin passif.

Sigmund Freud (1856-1939)

Je suis pour l'égalité des sexes dans tous les domaines. Je trouve remarquable une femme ministre, c'est très bien qu'elle fasse le boulot habituellement dévolu à un homme, comme ça elle le libère. Chaque femme directrice de société, comptable, commerçante, etc., c'est un mec libéré. Qu'elles y aillent au turbin, qu'elles portent les poubelles si elles ont envie de les porter, qu'elles grimpent sur les toits, qu'elles construisent des maisons, très bien, qu'elles fassent ce qu'elles veulent et qu'elles me laissent devant ma télé !

Jean Yanne (XXe)

Une des conséquences graves de l'abolition de la polygamie, c'est que l'homme qui n'a plus qu'une femme, lui demande maintenant la besogne qui jadis échouait à ses trois, quatre ou cinq femmes. Cela explique que ces malheureuses s'adonnent à l'amour libre et préfèrent vivre en prostituées plutôt qu'en esclaves.

Rémy de Gourmont (1858-1915)

Travaux ménagers

Ne dites pas qu'un lave-vaisselle ne rentrerait pas dans votre cuisine. Votre femme y entre bien, elle, non ?

G. Biard (XXe)

La femme n'est pas faite pour travailler. Elle doit s'occuper du foyer, être l'ancre de l'homme.

Jacques Médecin (XXe)

La plus utile et honorable science et occupation à une femme, c'est la science du ménage.

Montaigne (1533-1592)

Il faut améliorer la condition féminine. Les cuisines sont trop petites, les lavabos sont trop bas et la queue des casseroles est mal isolée.

Georges Wolinski (XXe)

Heureusement que les féministes ne m'ont pas demandé si j'avais déjà, au moins une fois, fait la vaisselle. J'aurais dû répondre que non, et que je n'avais pas l'intention de m'y mettre, à l'Élysée !

François Mitterrand (1981)

Une jolie femme doit être propre et coquette dès le matin en faisant son ménage, et briller comme une pièce d'argent dans un tas d'ordures.

Jules Renard (1864-1910)

Moi aussi je me suis marié, mais j'avais une excuse : le lave-vaisselle n'existait pas encore.

Patrick Font (1994)

Les femmes ne devraient s'occuper que de leur intérieur. On devrait les bien nourrir et les vêtir, mais ne les point mêler à la société. Elles devraient ignorer la poésie et la politique, ne lire que des livres de piété et de cuisine.

Lord Byron (1788-1824)

Trentaine

À moins qu'elle ne soit un vrai phénomène, une femme, même spirituelle, doit, après trente ans, se résigner à ne plus briller d'un grand éclat.

Mme Necker (1739-1794)

Quant aux femmes célibataires de plus de trente ans (à moins d'une carence physiologique reconnue), elles doivent être encouragées à se faire psychanalyser.

Farnham et Lundberg (XXe)

Une femme de trente-cinq ans paraît toujours plus âgée qu'un homme de trente-cinq. Pourquoi ? Parce qu'elle l'est vraiment.

Henry de Montherlant (1936)

À la vue de sa première ride, la femme croit que le miroir est fendu.

Léonce Bourliaguet (1895-1965)

À trente ans, une femme doit choisir entre son derrière et son visage.

Coco Chanel (1883-1971)

Trou

Tous les mots en *al* font leur pluriel en *aux*. Par exemple : un anal, des anaux. Sauf dans le cas d'une jeune mariée. Parce que, pour une jeune mariée, on dit un trousseau et deux trous sales.

Coluche (1944-1986)

L'obscénité du sexe féminin est celle de toute chose béante : c'est un appel d'être, comme d'ailleurs tous les trous...

Jean-Paul Sartre (1943)

La femme est un trou, n'aie pas peur du vide.

Jean-Louis Bory (1976)

Le sexe de la femme est trop compliqué. L'ensemble de ses plis et replis paraît bien trop exubérant, injustifié, pour ce qui, après tout, n'annonce qu'un trou.

Dr Gérard Zwang (1979)

Je peux tout baiser : homme, femme, enfant, cochon : il y a toujours un trou par lequel ça finit par entrer, il ne reste plus qu'à aimer ça et ça finit par couler !

Pierre Jean Remy (1985)

Vagin

Je la connais de vulve.

San-Antonio (1921-2000)

Le sexe de la femme demeure à mes yeux une caverne confuse où bouillonnent des humeurs, d'où sortent des enfants et des embryons, et qui contient des pièges mous.

Salvador Dali (1904-1989)

Le va-et-vient, comparable à un mouvement de piston, du phallus peut parfois expulser une partie de l'air hors du vagin, l'opération s'accompagne alors de sifflements assez sonores doués d'un désagréable pouvoir de suggestion... Si l'orifice est béant et flasque, la femme a intérêt à éviter la position à quatre pattes.

Van Der Velde (XXᵉ)

Ce doit être une femme qui a inventé la reconnaissance du ventre.

Charles Régismanset (1921)

– Je viens vous demander le vagin de votre fille.
– Vous voulez dire sa main ?
– Non, si c'est pour faire ça avec la main, j'ai la mienne !

Coluche (1944-1986)

Vertu

Elle crie comme si on ne voulait pas attenter à sa vertu.

Jules Renard (1864-1910)

La principale difficulté avec les femmes honnêtes n'est pas de les séduire, c'est de les amener dans un endroit clos. Leur vertu est faite de portes entrouvertes.

Jean Giraudoux (1929)

Il existe des femmes vertueuses : oui, celles qui n'ont jamais été tentées, et celles qui meurent à leurs premières couches, en supposant que leurs maris les aient épousées vierges.

Honoré de Balzac (1799-1850)

Les jolies femmes respirent souvent la vertu, mais elles s'essoufflent vite.

Georges Feydeau (1862-1921)

Un homme qui « attente » à la vertu d'une fille est moins coupable qu'une fille qui attente à la liberté d'un homme.

Jean Dutourd (XXe)

Veuves et veufs

Comme il allait mourir, elle lui dit :
« Espère
En un monde meilleur où tu me reverras. »
Mais lui, tout doucement, lui répondit :
« Ma chère,
Si ce monde est meilleur, je ne t'y verrai pas. »

Henri Lavoix (1892)

Il y a des femmes qui entre l'église et la mairie ont déjà un naturel de veuve.

Yvan Audouard (XXe)

Ce qui console de la mort des amis, c'est qu'ils laissent des veuves.

San-Antonio (1921-2000)

Épouser une veuve, n'est-ce pas un peu considéré chez nous comme un mariage d'occasion, comme l'achat d'une marchandise légèrement défraîchie ?

Guy de Maupassant (27 juin 1882)

Les veufs pleurent le plaisir qu'ils avaient à tromper leur femme.

Robert de Montesquiou (1855-1921)

Quand vous allez pour vous noyer, ôtez d'abord vos vêtements : ils pourront servir au second mari de votre femme.

Alphonse Esquiros (1854)

Si ma femme doit être veuve un jour, j'aime mieux que ce soit de mon vivant.

Georges Courteline (1927)

En France, les hommes qui ont perdu leur femme sont tristes, les veuves au contraire gaies et heureuses.

Stendhal (1783-1842)

Il y a peu de veufs qui survivent très longtemps à leur veuvage : le mariage les a épuisés d'avance.

Yvan Audouard (XXe)

Viande

Je pense à toi,
mon amour,
ma tendresse,
mon cœur,
mon foie,
ma rate,
avec tes pieds mignons,
ta bouche adorable,
ton cul en satin,
ton sexe en velours,
ta langue rose comme
le bout de tes seins,
tes cheveux d'or...
et pourtant tu n'es que
de la viande,
mon amour.

Georges Wolinski (XXe)

Le baisemain, c'est un bon début. Ça permet de renifler la qualité de la viande.

Olivier de Kersauson (XXe)

Observons une femme : si nous la coupons dans le sens de la longueur, que voyons-nous ? Nous voyons que la femme se compose de 70 % d'eau et de 30 % de viandes rouges diverses qui sont le siège de l'amour.

Pierre Desproges (1939-1988)

Le vagin, contrairement à ce que son apparence pourrait laisser croire, est beaucoup plus qu'un trou dans un bloc de viande.

Michel Houellebecq (1994)

Vide

Quoi de plus léger qu'une plume ?
– La poussière.
De plus léger que la poussière ?
– Le vent.
De plus léger que le vent ?
– La femme.
De plus léger que la femme ?
– Rien.

Alfred de Musset (1810-1857)

De même vibre l'âme des gamins au vide ronflant des tambours, de même vibre l'âme des filles au vide des paroles qui ne signifient rien.

Georges Courteline (1858-1929)

Les femmes préfèrent toujours les hommes insignifiants car ils leur ressemblent.

Pär Lagerkvist (1946)

La différence qui existe entre elle et une plante verte, c'est qu'on ne met pas de robe à une plante verte.

San-Antonio (1921-2000)

Une femme, qu'est-ce que vous voulez ? C'est un oiseau. C'est impénétrable, non pas parce que c'est profond, mais parce que c'est creux.

Edmond et Jules de Goncourt (XIXe)

Quand une femme du monde a les yeux vides, c'est que son regard est tourné vers l'intérieur.

Philippe Bouvard (XXe)

L'attirance du vide explique la séduction des femmes.

Natalie Clifford Barney (1921)

C'est une femme qui joint l'inutile au désagréable...

Harvey Smith (1982)

Vieilles

Si l'on applique l'oreille contre le ventre d'une vierge au moment où elle est frappée par la ménopause, on entend distinctement un immense cri de désespoir.

François Cavanna (XXe)

Une vieille femme qui se respecte doit soigner sa toilette avec plus de minutie que si elle avait vingt ans : non pas pour s'embellir mais pour se faire supporter.

Comtesse Dash (1868)

La vertu, comme les corbeaux, niche dans les ruines.

Anatole France (1911)

Je déteste les vieux, surtout quand c'est des vieilles !

Guy Bedos (1996)

Une vieille épouse, un vieux chien et de l'argent liquide – voilà trois amis fidèles.

Benjamin Franklin (1706-1790)

L'infâme décrépitude, bouffisseuse de visages, élargisseuse de croupes, enlumineuse de nez, déformatrice de tout, lui avait sauté dessus comme au tournant d'un bois, à propos de rien, tout à coup, avant même que les années lui en eussent, sinon donné le droit, du moins fourni le prétexte, l'excuse !

Georges Courteline (1927)

À la ménopause, qu'est-ce qu'une femme ? Négligée de son époux, délaissée de ses enfants, nulle dans la société, la dévotion est son unique et dernière ressource.

Denis Diderot (1713-1784)

Je préfère vivre avec une jeune femme désespérée qu'avec une vieille femme heureuse.

Georges Wolinski (1992)

Pourquoi les femmes veulent-elles absolument ressembler à Brigitte Bardot d'il y a 35 ans, alors qu'elles peuvent, sans trop d'effort, ressembler à celle d'aujourd'hui ?

Amanda Lear (1998)

Une vieille fille, c'est une jeune fille qui a dit non une fois de trop.

Peynet (1908-1999)

Jeunes ou vieilles, les femmes font bien de se cacher. Mais vieilles, elles le doivent indispensablement.

Mme Necker (1739-1794)

Oh, celle-là, à son âge, il n'y a plus que les ennuis qui lui courent après...

Jacques Brel (1973)

L'avenir d'un homme c'est : pauvre ou riche. L'avenir d'une femme c'est : pauvre et ridée ou riche et liftée.

*François Cavanna (XX*e*)*

Vierge

Aujourd'hui, même les moches n'arrivent plus vierges au mariage.

Georges Wolinski (1992)

L'amour d'une vierge est aussi assommant qu'un appartement neuf. Il semble qu'on essuie les plâtres.

Jules Renard (1887)

Une vierge, à notre époque, c'est une petite fille de cinq ans, très laide, et qui court très, très vite.

Philippe Bouvard (1985)

J'ai horreur des vierges. Je n'ai jamais eu affaire qu'à des femmes très bien qui savaient ce que c'est que l'amour et ne faisaient pas de manières.

Louis Aragon (1897-1982)

Vierge et martyre, c'est un pléonasme...

Geoffrey Scott (1932)

– Moi, je n'avais pas couché avec ma femme avant de l'épouser. Et toi ?
– Je ne sais pas... Elle s'appelle comment, ta femme ?

Fernand Raynaud (1970)

S'il y a encore des vierges, c'est uniquement parce qu'il faut pour une femme commencer par là.

Étienne Rey (1914)

L'arme la plus dangereuse d'une femme, c'est sa virginité.

Alexandre Dumas fils (1824-1895)

Elle était vierge. Mais de si peu que cela ne vaut guère d'en parler.

Henry de Montherlant (1934)

Viol

Que doit faire une jeune fille prise de force pour ne pas être coupable devant Dieu ? Elle doit se défendre de toutes ses forces avec ses pieds, avec ses dents, avec ses ongles et tout autre instrument sans toutefois tuer ou même mutiler gravement son agresseur. Au péril de sa vie, et de sa réputation, elle se doit de crier. Si elle mourait alors que son agresseur n'a pu parvenir à ses fins, alors elle deviendrait martyre de chasteté...

Mgr Bouvier (XXe)

Je l'ai pas violée. Violer, c'est quand on veut pas. Moi, je voulais !

Coluche (1944-1986)

Il faut déshonorer le mariage ! C'est le viol qui sauvera l'amour.

Roland Dorgelès (1886-1973)

Un peu de viol fait du bien au cœur de l'homme.

Norman Mailer (XXe)

– Mais comment a-t-il pu vous violer ? dit le juge.
– Je me suis baissée.

Jules Renard (1901)

Rien n'est plus distrait qu'une femme qu'on viole. Vous demandez le signalement de l'ignoble individu, elle vous répond : « C'est un grand brun, très pressé, qui embrasse bien. »

François Cavanna (XXe)

Volatiles

Quelle est la différence entre les perroquets et les femmes ? Les uns et les autres répètent tout ce qu'ils entendent. Mais les perroquets, eux, le font exactement.

Sacha Guitry (1885-1957)

C'est cela une honnête femme : une dinde qui marche, fascinée par l'idée quelle se fait de son honneur.

Anne Hébert (1970)

Quand je vois certaines femmes, je me dis qu'il n'y a pas qu'à Noël qu'on se farcit des dindes.

Olivier de Kersauson (XXe)

La différence qu'il y a entre une chaude pisse et une hirondelle, c'est qu'on ne peut pas attraper une hirondelle.

San-Antonio (1921-2000)

L'eau sur le canard marque mieux que la souillure sur la femme.

Jean Giraudoux (1882-1944)

Vote (Droit de)

On a raison d'exclure les femmes des affaires publiques et civiles ; rien n'est plus opposé à leur vocation naturelle que tout ce qui leur donnerait des rapports de rivalité avec les hommes ; et la gloire elle-même ne saurait être pour une femme que le deuil éclatant du bonheur.

Mme de Staël (1766-1817)

Rien ne peut être plus antibiblique que de laisser voter les femmes.

Harper's Magazine (novembre 1853)

Il ne s'agit pas de combattre ou d'approuver le vote des femmes mais de constater qu'il est une utopie, une impossibilité.

Mgr Dubillard (1906)

Les femmes, chez nous, représentent la moitié du corps électoral. Vu comme ça, le corps électoral, ça m'excite.

Guy Bedos (XXe)

Zéro

Vous êtes nos moitiés, avec nous assorties
Vous formez un beau tout ;
Séparez-vous de nous, vous n'êtes que parties,
Vous n'êtes rien du tout...
Vous êtes les zéros, et nous sommes les nombres
Qui vous faisons valoir.

Isaac de Benserade (v. 1613-1691)

La femme n'est authentiquement elle-même à aucun moment de sa vie. La femme totalement féminine n'a pas de moi... Fondamentalement, elle n'a pas de nom. Ce qui indique, simplement, qu'elle n'a pas non plus de personnalité propre.

Otto Weininger (XXe)

Il y a plus inconnu que le soldat : sa femme !

Slogan féministe (années 1970)

On a besoin des hommes. Ils sont l'eau que nous buvons tous les matins. Si elle n'a pas de compagnon dans sa vie, une femme n'existe pas.

Nadine de Rothschild (XXe)

Délires misogynes sur internet

N'hésitez jamais à marcher sur une femme. Ça porte bonheur.

Il y a des femmes si tristes, si tristes, qu'on est obligé d'attendre la Toussaint pour leur offrir des fleurs.

Même son paillasson trouve qu'elle pue des pieds...

Il faut absolument qu'à la fin de leurs études les filles obtiennent leurs deux bacs : celui d'eau chaude et celui d'eau froide.

Rien de tel que le minitel pour trouver une femme : tapez 3615 code néant.

Madame, vous avez un cancer généralisé et c'est incurable.
– Docteur, comme vous y allez, j'aimerais quand même avoir un deuxième avis.
– Et en plus, vous êtes moche !

Pour l'anniversaire de ma femme, il y a désormais plus de bougies que de gâteau !

Elle n'osait plus sortir ses poubelles, de peur que les éboueurs ne la ramassent...

Quelle est la différence entre les femmes et les moustiques?
– Les moustiques, eux, ne nous emmerdent que l'été...

Quand ma femme prend le train, c'est elle que les vaches regardent passer...

Celle-là, il n'y a plus qu'en voiture qu'elle se fait rentrer dedans...

Sa montre tomba en panne. Pour avoir l'heure exacte, elle décida donc d'écrire à l'horloge parlante.

Elle ne casse jamais les noix avant de les manger. Pardi ! elle sait déjà ce qu'il y a dedans...

Elle était tellement mal foutue qu'on aurait dit un puzzle...

Demain, c'est l'anniversaire de nos trente ans de mariage. Pour la circonstance, on pourrait tuer le cochon ?
– Pourquoi, ce n'est pas de sa faute !

Ma femme met les journaux au frigo. Pour avoir des nouvelles fraîches...

Ma femme a les cheveux bruns et n'en changerait la couleur pour rien au monde : ils sont si bien assortis avec sa moustache...

Il existe des femmes Téfal : personne ne s'attache jamais à elles.

Ne dépensez pas votre argent en voyage de noces à Venise : dites à votre femme que vous irez quand ça ne sera plus inondé !

Méticuleuse, quand elle sortait de sa douche, elle enlevait aussitôt ses vêtements pour les faire sécher.

Le jour où les femmes feront le service miltaire, il faudra supprimer le Génie.

Qu'est-ce que tu penses des femmes au foyer ?
– Je pense qu'il faut rajouter des bûches.

Quelle est la terrible maladie qui, chez les femmes, crée souvent une paralysie au-dessous de la ceinture ?
– Le mariage...

Que fait une jeune maman qui vient d'avoir des jumeaux ?
– Elle cherche le père de l'autre pour le féliciter.

Qu'est-ce qu'une femme intelligente ?
– Une femme qui est idiote seulement du côté de son père.

Quelle est la différence entre un cunnilingus et un chalet à la montagne ?
– La vue...

J'ai l'intention d'échanger ma femme contre des surgelés. Eux, je suis sûr que j'arriverai à les réchauffer...

Que mettent les femmes derrière leurs oreilles pour attirer les hommes ?
– Leurs jambes...

Comment appelle-t-on une fille qui vient d'assassiner son père et sa mère ?
– Une orpheline.

Les femmes ressemblent fort aux pommes de terre : une fois que tu as essayé les nouvelles, tu ne touches plus aux vieilles...

Une femme optimiste est une femme qui se rend à la mairie pour voir si son contrat de mariage est périmé.

Il y a des femmes si superstitieuses qu'elles refusent de se suicider un vendredi 13. Parce que ça porte malheur.

Qu'est-ce qui est rose, mesure 15 centimètres et fait rêver toutes les jeunes filles de 18 ans ?
– Le permis de conduire...

Elle dit que la télévision, c'est idiot : elle préfère regarder les films à la radio.

Comment un misogyne peut-il s'apercevoir que sa femme a joui ?
– Il ne s'aperçoit de rien, il s'en fout totalement...

Comment appelle-t-on une femme qui ne prend pas la pilule ?
– Maman !

Certaines femmes sont comme le gruyère : sans leurs trous, on ne s'y intéresserait guère.

Comment les femmes font-elles pour éviter de se taper les doigts en plantant un clou ?
– Elles prennent le marteau à deux mains...

Comment reconnaît-on une femme policier ?
– Lorsqu'elle tire en l'air, il y a toujours un ou deux blessés.

Que fait une jeune maman qui veut baigner son petit garçon si l'eau est trop chaude ?
– Elle met des gants en caoutchouc pour ne pas se brûler.

Le mois de février est celui où les femmes disent le moins d'âneries : il n'a que 28 jours...

Pourquoi les femmes, quand elles vont à la piscine, ne restent-elles jamais au bord ?
– Parce qu'elles sont un peu connes...
sur les bords !

Pourquoi les femmes nagent-elles sous l'eau, au fond des piscines ?
– Parce qu'elles ne sont pas si connes que ça... dans le fond !

Qu'est-ce qui a deux antennes, qui pleure et qui est très , très attendrissant ?
– Une femme avec une fourchette plantée dans chaque œil.

Quelle est la différence entre une femme et une poubelle ?
– Aucune : on les bourre toute la semaine, mais, le week-end, on n'a jamais envie de les sortir...

Comment meurt un neurone de femme ?
– Tout seul...

Prenez une feuille de papier, coupez-la en deux et placez les morceaux côte à côte. Qu'est-ce que cela représente, pour une femme ?
– Un puzzle !

Que dit une ravissante idiote lorsqu'elle marche sur un trottoir et qu'elle aperçoit soudain une peau de banane ?
– Oh non, je vais encore tomber..

Les femmes, c'est vrai, ont de plus petits pieds que les hommes. Sans doute pour pouvoir se tenir plus près de l'évier.

Qu'est-ce qu'une femme prix Nobel ?
– C'est une femme qui a réussi à replier une carte routière.

Comment empêcher une femme de se noyer ?
– En enlevant le pied qu'on a mis sur sa tête...

Quelle est la différence entre une femme et une boîte de pâté pour chiens ?
– Dans une boîte de pâté, on est sûr de trouver au moins un peu de cervelle.

Quelle est la différence entre « exciter » et « énerver » ?
– Il y a six mois, elle m'excitait. Aujourd'hui, elle m'énerve...

– Moi, explique un homme, je voudrais une femme que je puisse choisir, qui aime la musique et la chanson, capable de m'expliquer les dernières nouvelles du monde ou de me proposer des films à voir, mais qui sache aussi rester à la maison et se taire quand j'en ai envie...
– Mon pauvre vieux, c'est pas une femme qu'il te faut, c'est un téléviseur !

Que fait une femme dans le lit après l'amour ?
– Elle gêne...

Pourquoi les femmes se précipitent-elles à la fenêtre pendant un orage ?
– Pour être sur la photo...

Quelle est la différence entre une femme et une pizza ?
– La pizza, on peut la choisir sans champignons...

La maman idéale, c'est celle qui n'hésite pas à réveiller son mari au milieu de la nuit parce qu'elle a entendu son bébé pleurer.

Qu'est-ce qu'une femme qui a perdu 90 % de son intelligence ?
– Une veuve.

Quel est l'animal qui prend cent kilos en une nuit ?
– La femme. Parce que le soir on lui dit : « Viens au lit, ma petite puce » et le lendemain : « Tire-toi, grosse vache. »

Deux femmes sont en train de prendre le thé.
– Tiens regarde, voilà mon mari. Zut, il m'apporte des fleurs, je vais encore être obligée d'ouvrir les jambes.
– Pourquoi, tu n'as pas de vase ?

Que dit-on d'une femme qui n'a qu'un demi-cerveau ?
– Qu'elle est douée !

À quoi voit-on qu'un fax a été envoyé par une femme ?
– À cause du timbre...

Que fait une femme avant de s'acheter une robe de chambre ?
– Elle prend les mesures de la chambre.

Je me suis marié deux fois : deux échecs ! La première s'est barrée, la seconde est restée.

– Tu parles à ta femme, toi, quand tu fais l'amour ?
– Non... Il faut vraiment que je me décide à acheter un portable !

Si une femme et un homme tombent ensemble d'un immeuble, qui touchera le sol en premier ?
– L'homme, car la femme aura dû s'arrêter pour demander son chemin.

J'étais vraiment folle quand je me suis mariée avec toi !
– Je sais, mais comme j'étais amoureux, je ne l'avais pas remarqué...

Quelle est la dernière chose qu'on a entendue avant que la navette spatiale n'explose ?
– Touche pas à ça, idiote !

Qu'est-ce qu'une femme qui se teint les cheveux ?
– Une intelligence artificielle...

Un Belge et un Américain participèrent un jour à un concours d'inventeurs.
Le Belge est mort dans la misère : il avait inventé une machine dans laquelle il suffisait de glisser 5 $ pour obtenir une femme.
L'Américain a vécu une vie de milliardaire : il avait conçu une machine où il suffisait de glisser une femme pour obtenir une pièce de 5 $.

– Barman, je voudrais quelque chose de très froid et plein de gin.
– OK, je vous envoie ma femme...

– Qu'est-ce qui t'a le plus frappé pendant ton voyage de noces à Venise ?
– Mon mari.

Mon vieux,
c'est fou ce que tu peux ressembler à ma femme !
– Sans blague !
– Parfaitement, la moustache mise à part...
– Mais, je n'ai pas de moustache !
– Elle, si !

Les chefs d'entreprise refuseraient désormais d'accorder des pauses café aux femmes de leur personnel. Il faut trop longtemps, après, pour leur réapprendre le boulot...

BIBLIOGRAPHIE

Les noms de certains auteurs apparaissent, dans l'abécédaire suivant, uniquement suivis d'un astérisque (*) : les citations qui leur sont imputées sont, dans ces cas-là, extraites d'ouvrages de références généraux (anthologies, encyclopédies, florilèges...) dont on trouvera la liste à la fin de cette bibliographie.

ACHARD Marcel : *Colinette*, 1942 – *L'Amour ne paie pas*, 1962 – *Noix de Coco*, 1935 – *Petrus*, 1935 / ALAIN Émile* / ALESSON Jean : *Le Monde est aux femmes*, 1900 / ALGAROTTI Francesco : *Newtonianismo per le dame*, 1737 / ALLAIS Alphonse : *Œuvres posthumes*, Laffont, 1990 / ALLEN Woody : *Dieu, Shakespeare et moi*, Solar, 1975 / ANCELOT* / ANDRÉ Frédéric* / ANET Claude* / ANOUILH Jean : *La Répétition ou L'Amour puni*, 1950, Larousse, 1957 – *L'Hermine*, in *Pièces noires*, La Table ronde, 1931 / ANTONIN Saint* / ARAGON Louis : *Chroniques de la pluie et du beau temps*, Messidor/Temps actuels, 1979 / ARISTOPHANE : *L'Assemblée des femmes – Lysistrata*, 1039 / ARISTOTE* / ARLAND Marcel* / ARLETTY* / ARNOULD Sophie* / ARTHUR : *Newlook*, décembre 1994 / ARTUR José : *Parlons de moi, il n'y a que cela qui m'intéresse*, 1988 – *Les Pensées*, Cherche Midi, 1993 / AUDIARD Michel* / AUDIBERTI Jacques : *Le Mal court*, Gallimard, 1947 / AUDOUARD Yvan : *Les Pensées*, Cherche Midi, 1991 / AUGIER Émile : *Les Lionnes pauvres*, 1858 / AUGUEZ Paul* / AUGUSTIN Saint* / AVELINE Claude : *Avec toi-même*, Émile-Paul, 1944 / AVRIL de SAINTE-CROIX Mme : *Le Féminisme*, Girard et Brière, 1907 / AZNAVOUR Charles : *Tu t'laisses aller*, Éditions Chappell SA/Djanick © 1993 Musarm

BACRI Jean-Pierre : *Elle*, 31 octobre 1994 / BACRI Roland* / BALZAC Honoré de : *Autre étude de femme – La Femme de trente ans*, 1831 – *La Vieille fille*, 1837 – *Petites misères de la vie conjugale – Physiologie du mariage – Splendeurs et misères des courtisanes* / BARBEY d'AUREVILLY Jules : *Disjecta membra – Pensées détachées, Sur les femmes* / BARDOT Brigitte : *Elle*, 23 septembre 1996 / BARTHES Roland : *Le Nouvel Observateur*, 28 mars 1966 / BAS Pierre* / BASSAINVILLE Comtesse de : *Le Soir et le matin de la vie ou Conseils aux jeunes filles*, 1850 / BATAILLE Henry : *Poliche* / BAUDELAIRE Charles : *Argument du livre sur la Belgique*, 1864-1866 – *Choix de maximes consolantes sur l'amour – Les Métamorphoses du vampire – Fusées*, in *Œuvres complètes*, Gallimard, 1975 – *Les Fleurs du mal*, Flammarion, 1991 – *Mon cœur mis à nu*, 1861, Mille et une nuits, 1997 / BAZIN Hervé : *Cri de la chouette*, Grasset, 1972 – *La Mort du petit cheval*, Grasset, 1950 – *Traits*, Seuil, 1976 / BEAUVOIR Simone de : *Le Deuxième sexe*, Gallimard, 1949 – *Les Mandarins*, Gallimard, 1954 / BEBEL Auguste : *La Femme dans le passé, le présent et l'avenir*, 1891 / BECKETT Samuel : *Premier amour* / BECQUE Henri : *L'Enfant prodigue*, 1868 – *Notes d'album*, Crès / BEDOS Guy : *Merci pour tout*, Seuil, 1996 – *Paulette – Pointes, piques et répliques*, Cherche Midi, 1998 – *Petites drôleries et autres méchancetés sans importance*, Seuil, 1989 – Spectacle au Zénith, octobre 1995 / BELFOND Pierre* / BENSERADE Isaac de : *Stances* / BERNARD Tristan : *Contes, répliques et bons mots*, Livre-Club du Libraire / BERNIER Michèle* / BERTAUT Jean : *Le Chansonnier*, 1854 / BERTHIER P.J. : *La Jeune fille et la vierge chrétienne*, Maison de la bonne presse, 1900 / BESANÇON Dr Julien : *Le Visage de la femme*, Vigot, 1942 – *Les Jours de l'homme*, Vigot, 1940 / BIARD G. : *Charlie-Hebdo*, 18 octobre 1995 / *BIBLE La*, Éditions de La bonne parole, 1923 / BIERCE Ambrose : *Épigrammes* / BIRABEAU André* / BLANCHE Francis : *Pensées, répliques et anecdotes*, Cherche Midi / BLIER Bertrand : *Existe en blanc*, Laffont, 1998 / BLONDIN Antoine : *Certificats d'études*, in *Œuvres*, Laffont, 1991 / BLUM Léon : *Du mariage*, in *L'Œuvre de Léon Blum*, Albin Michel, 1962 / BONAPARTE Marie : *La Sexualité de la femme*, 1959 / BORDEAUX Henry* / BORY Jean-Louis : *Tous nés d'une femme*, 1976 / BOSSUET Jacques Bénigne : *Élévations sur les* *mystères*, 1727 / BOUCHET Guillaume : *Les Sérées* / BOUDARD Alphonse : *Interview*, mai 1993 / BOUILHET Louis* / BOURDET Édouard : *La Prisonnière – Les Temps difficiles*, Stock, 1931 / BOURGES Élémir* / BOURLIAGUET Léonce* / BOUVARD Philippe : *Douze mois et moi*, Stock – *Madame n'est pas servie !*, 1965 – R.T.L., 1er juin 1985 – *Un Oursin dans le caviar*, Stock – *Télé 7 Jours*, 17 février 1996 / BOUVIER Mgr : *Les Diagonales* / BRANTÔME Pierre de : *Dames galantes*, 4ème discours / BRASSENS Georges : *Quatre-vingt-quinze pour cent – Une jolie fleur dans une peau de vache – Misogynie à part*, Éditions musicales 57, © Mercury / BREFFORT Alexandre* / BREL Jacques : *Les Filles et les chiens*, © Éditions musicales Pouchenel, 1962 – *L'Express*, 1970 / BRIALY Jean-Claude* / BROCA Paul* / BRUDENELL-CARTER Dr Robert / BRUSSELS Seymour* / BUCHWALL Art* / BURROUGHS William* / BYRON Lord : *Lettres et journaux intimes*, Albin Michel

CAILLAVET Gaston de : cf. FLERS Robert de / CAMPINCHI César* / CAMPION Léo* / CANTONA Éric* / CAPUS Alfred : *La Petite fonctionnaire*, 1901 – *Les Maris de Léontine*, 1900 – *Les Pensées*, Cherche Midi, 1988 / CASANOVA : *Histoire de ma vie*, Plon, 1960 / CAUNES Antoine de : *V.S.D.*, 3 octobre 1991 / CAVANNA François : *L'Almanach-agenda*, Belfond, 1984 – *La Grande encyclopédie bête et méchante*, Albin Michel, 1981 – *Les Pensées*, Cherche Midi, 1994 / CÉLINE Louis-Ferdinand : Cité par Henri Mahé, in *La Brinquebale avec Céline*, La Table ronde – Cité par Milton Hindus, in *Céline tel que je l'ai vu*, Éditions de l'Herne – *Féerie pour une autre fois*, Gallimard, 1952 – *L'Église*, Gallimard, 1952 – *Voyage au bout de la nuit*, Gallimard, 1932 / CERVANTES Miguel de : *Don Quichotte de la Manche*, Flammarion, 1981 / CESBRON Gilbert : *La Fleur, la nuit, l'amande*, 1958 / CHABROL Claude* / CHAMFORT Nicolas de (Sébastien Roch Nicolas, dit) : *Maximes et Pensées, Caractères et anecdotes*, 1795, Flammarion, 1987 / CHANEL Coco* / CHARCOT Pr* / CHÂTELET Mme du : *Correspondance* / CHAVETTE Eugène* / CHAZAL Malcolm de : *Sens plastique*, Gallimard, 1948 / CHESTERFIELD Lord* / CHEVALIER Maurice* / CHEVALLIER Gabriel : *L'Envers de Clochemerle*, Flammarion, 1966 / CHIRAC Jacques : *Le Monde*, 2 avril 1987 et *F. Magazine*, janvier 1978 – Discours aux États généraux de l'opposition, Rennes, décembre 1990 / CHORON Professeur* / CHRESTIEN Michel : *Esprit, es-tu là ?*, Gallimard, 1957 / CHURCHILL Winston* / CIORAN Emil Michel : *Syllogismes de l'amertume*, Gallimard, 1952 – *Cahiers 1957-1972*, Gallimard, 1997 / CLAUDEL Paul* / CLEMENCEAU Georges* / CLÉMENT d'Alexandrie, Saint* / CLIFFORD BARNEY Natalie : *Pensées d'une Amazone*, Émile-Paul, 1921 / COCTEAU Jean : *La Difficulté d'être*, Le Rocher, 1947 / COHEN Albert : *Belle du Seigneur*, Gallimard, 1968 / COLETTE* / COLUCHE : *Et vous trouvez ça drôle ?*, Cherche Midi, 1998 – *L'Horreur est humaine*, Édition n°1/Michel Lafon, 1992 – *Pensées et anecdotes*, Cherche Midi, 1995 / COMMERSON Jean-Louis : *Les Pensées d'un emballeur*, 1851 / COMTE Auguste* / CONNERY Sean : *Télé-Magazine*, 13 mai 1995 / *CORAN Le*, traduction anglaise de 1932 / CORNEILLE Pierre : *Le Menteur*, 1643 / COSTES Jean-Paul : Discours à Bonifacio, Corse, août 2000 / COSTNER Kevin : *Voici*, 2 mars 1992 – *Ici-Paris*, 25 janvier 1995 / COUBERTIN Pierre de : Cité in *Le Point*, 8 juin 1996 / COURTELINE Georges : *La Philosophie de Georges Courteline*, Flammarion, 1927 – *Les Pensées*, Cherche Midi, 1989 / COUTURE Charlélie : *20 Ans*, juin 1997 / CRESSON Édith : Interview de Catherine Nay, in *Le Point*, 20 mai 1991 / CREVEL René* / CROISSET Francis de : *Nos Marionnettes*, 1928 / CROWN Charles*

DAC Pierre : *Dictionnaire de petites annonces – L'Os à moelle*, 1938-1940, Julliard, 1993 / DALI Salvador : vers 1960, cité par A. Lear, L.C.M., 12 décembre 1994 / DANCOURT : *La Femme d'intrigues*, 1692 / DANINOS Pierre* / DARIEN Georges : *La Belle France*, 1900 – *Voleurs !*, Omnibus/Presses de la Cité, 1994 / DARROW Clarence* / DASH Mme Poilloue de Saint-Mars, dite Comtesse : *Comme on fait son chemin dans le monde : code du savoir-vivre*, 1868 / *De la jeune fille à la jeune femme* : Brochure éditée par l'Institution de la Légion d'honneur, 1892 / DEBRÉ Michel : Europe 1, 20 octobre 1974 / DECHAVANNE Christophe : T.F.1., *Coucou*, 26 mai 1995 / Déclaration du mouvement « Laissez-les vivre », in *Le Parisien*, 16 novembre 1995 / DEFFAND Mme du : *Correspondance et Lettres*, 1751 / DEKOBRA Maurice : Cité par M. Hamel et C. Tournier, in *La Prostitution*, CGEP, 1927 / Dépêche de l'Agence France-Presse,

Athènes, 19 février 1984 / DERYS Gaston : *Dictionnaire de l'Académie de l'humour*, 1934 / DESPROGES Pierre : *Dictionnaire superflu...*, Seuil, 1985 – *Les Étrangers sont nuls – Manuel de savoir-vivre à l'usage des rustres et des malpolis*, Seuil, 1981 – *Vivons heureux en attendant la mort*, Seuil, 1983 / DESCHAMPS Fanny : *Ils parlent d'elles*, 1978 / DEUTSCH Hélène* / DEVAL Jacques : *Afin de vivre bel et bien*, Albin Michel, 1970 – *La Rose de septembre*, 1926 / DEVEREUX G. : *Femme et Mythe*, Flammarion, 1982 / Dialogues du film *La Fin du jour* de Julien Duvivier, 1939 / Dialogues du film *Le Déclin de l'Empire américain* de Denys Arcand, 1985 / Dialogues du film *Le Pacha* (réplique de Jean Gabin) / Dialogues du film *Le Père Noël est une ordure*, 1983 / Dialogues du film *Nikita* de Jean-Luc Besson, © Gaumont, 1990 / Dialogues du film *Une pour toutes* de Claude Lelouch, janvier 2000 / DIANE Comtesse : *Livre d'or*, 1895 / DiCAPRIO Leonardo : *20 Ans*, décembre 1995 / *Dictionnaire des Femmes*, 1961 / *Dictionnaire médical à l'usage des familles* / DIDEROT Denis : *Les Bijoux indiscrets* / DJIAN Philippe : *Sotos*, Gallimard, 1993 / DOMERGUE Gabriel* / DONNAY Maurice : *La Petite Illustration*, 3 mai 1913 – *Le Geste – Le Torrent*, 1899 – *Les Éclaireuses*, 1913 / DORGELÈS Roland : *Le Château des brouillards*, Albin Michel, 1932 – *Montmartre, mon pays*, 1927 / DORIS Pierre* / DOS PASSOS John* / DOSTOÏEVSKI Fedor* / DOUSSIN-DUBREUIL Dr J.L. : *Des Égarements secrets*, 1828 / DRUCKER Michel : France 2, *Studio Gabriel*, 19 septembre 1994 / DUBILLARD Mgr : *L'Écho de la L.P.F.*, mars 1906 / DUHAMEL Georges : in *Chronique des Pasquier*, Mercure de France, 1933-1945 / DUHAMEL Marcel (créateur de la Série Noire)* / DUMAS Alexandre* / DUMAS Alexandre fils : *L'Ami des femmes* / DUMONT Étienne : *Le Secrétaire amoureux*, édition de 1901 / DUPANLOUP Mgr* / DUPLANTIER Raymond : intervention au Sénat, 1936 / DUTOURD Jean : *Les Pensées*, Cherche Midi, 1990 / DUTRONC Jacques : *Lui*, décembre 1991 / DUVERNOIS Henri*

L'Écho : Les Femmes qui écrivent, 16 mai 1886 / EINSTEIN Albert : Cité in *Repubblica*, avril 1987 / *Elle*, 1956 / *L'Express*, 1er septembre 1969 / ELGOZY Georges : *L'Esprit des mots ou l'antidictionnaire*, Denoël, 1981 / ELLIS Havelock* / ESQUIROS Alphonse : *L'Esprit des Anglais*, 1854 / EURIPIDE* / *L'Express*, 23 décembre 1983

FALLET René* / FARNHAM et LUNDBERG* / FAUCONNEY Dr : *L'Art d'aimer*, Brenet, 1928 / FAULKNER William* / FAYARD Jean* / *Femme pratique*, 1960 / *La Femme d'un libertin*, chanson populaire française, 1873 / FÉNELON : *De l'éducation des filles*, 1825 / FÉRAUD Louis* / FERNANDEL : Cité par R. Castans, in *Dictionnaire de l'esprit*, De Fallois, 1991 / FEYDEAU Georges : *Le Dindon*, 1896, in *Théâtre*, Omnibus, 1994 / FIELDS W. C.* / FLAUBERT Gustave : *Le Sottisier*, 1879, Nil, 1995 – *Correspondance*, 27 mars 1853 – *Dictionnaire des idées reçues – Bouvard et Pécuchet*, Garnier-Flammarion, 1966 – *Lettre à Guy de Maupassant – Lettre à Louise Colet – Madame Bovary*, 1857 / FLAVIGNY Comtesse de : *Recueil de prières, méditations et de lectures*, 1861 / FLERS Robert de et Gaston de CAILLAVET : *L'Éventail*, 1907 – *Les Sentiers de la vertu*, 1903 – *Miquette et sa mère*, 1906 / FOLENFANT Pierre* / FONSSAGRIVES Dr J.B. : *L'Éducation physique des jeunes filles*, 1869 / FONT Patrick : France-Inter, février 1994 / FONTENELLE Bernard de* / FORNERET Xavier : *Encore un an de sans titre*, 1838 / FOUCAULT Jean-Pierre : *Interview*, février 1993 / FOURNIER Roger : *Inutile et adorable*, 1963 / FRANCE Anatole : *L'Anneau d'améthyste*, XV, 1899 – *L'Île des pingouins – La Rôtisserie de la Reine Pédauque*, 1893 – *Le Jardin d'Épicure*, Calmann-Lévy, 1925 – *Le Lys rouge*, 1894, Calmann-Lévy – *Sur la Pierre blanche*, Calmann-Lévy, 1905 / FRANKLIN Benjamin : *Almanach du pauvre Richard*, 1733-1758 / FRENCH Marilyn : *La Fascination du Pouvoir*, 1987 – *Les Bons Sentiments* / FREUD Sigmund : *La Féminité*, 1932 / FRIDAY Nancy : *Women on Top*, 1981 / FROSSARD André : *Les Pensées*, Cherche Midi, 1994 / FULLER Thomas*

GACCIO Bruno : Canal +, *Nulle Part Ailleurs*, 15 septembre 1995 / GAGNET Abbé J.* / GAINSBOURG Serge : *Actuel*, juin 1990 – Canal +, *Nulle Part Ailleurs*, mai 1989 – Cité par Bayon, in *Gainsbourg mort ou vices*, Grasset, 1992 / GALABRU Michel : *Ciné-Télé-Revue*, 25 mai 1996 – *Gala*, 7 novembre 1996 – *Questions de femmes*, novembre 1996 / GARY Romain : *Au-delà de cette limite votre ticket n'est plus valable*, Gallimard, 1975 / GASPARIN Comtesse

Agénor de : *Le Mariage au point de vue chrétien*, 1853 / GAULLE Charles de : in *Les mots les plus drôles du général de Gaulle*, Albin Michel, 1994 / GAUTIER Théophile : Cité par Edmond et Jules de Goncourt, in *Journal*, 22 juin 1863 – *Mademoiselle de Maupin* / GAY Sophie : *Un Mariage sous l'Empire* / GENLIS Mme de : *Mémoires – Précis de ma conduite* / GEORGES-ANQUETIL : *La Maîtresse légitime* : *essai sur le mariage polygamique de demain*, 1926 / GÉRALDY Paul : *L'Homme et l'amour*, 1951 / GERSON Jean de* / GIBSON Mel : *Entrevue*, octobre 1995 / GILBERT Danièle : *Ici-Paris*, 17 février 1993 / GIONO Jean : *Le Chant du Monde*, Gallimard, 1934 / GIRAUDOUX Jean : *Amphitryon 38*, Grasset, 1929 – *La Guerre de Troie n'aura pas lieu*, Grasset, 1935 – *Ondine*, Grasset, 1939 – *Pour Lucrère*, Grasset, 1953 – *Sodome et Gomorrhe*, Grasset, 1959 / GIROUD Françoise : Chroniques du journal *L'Express*, 1956 / GOETHE Johann Wolfgang von : *Faust*, 1806 / GOGOL Nicolas* / GOLDONI Carlo : *Le Café* / GÓMEZ DE LA SERNA Ramón : *Les Greguerias*, 1917, Cent Pages, 1992 / GONCOURT Edmond et Jules de : *Idées et Sensations*, 1864, Flammarion – *Journal*, Laffont, 1989 – *La Femme au XVIIIe siècle*, 1862, Flammarion, 1982 / GOURIO Jean-Marie : *Brèves de comptoir*, Lafon, 1997 / GOURMONT Rémy de : *Physique de l'amour : essai sur l'instinct sexuel*, 1903 / GRAINVILLE Patrick : *Lui* (années 1970?) / GRAMSCI Antonio* / GREEN Julien : *Journal*, 1922-1993 / GRINON Albert : *Remarques* / GUIGOU Élisabeth : *Elle*, 9 juin 1997 / GUILLOUX Louis : *Carnets 1944-1974*, Gallimard, 1982 / GUITRY Lucien* / GUITRY Sacha : *Elles et toi*, Solar, 1947 – *La Pèlerine écossaise*, Fayard, 1950 – *Les Femmes et l'amour – Pensées, maximes et anecdotes*, Cherche Midi – Cité par D. Desanti, in *Sacha Guitry*, 1982 / GUIZOT François : in *La Démocratie pacifique*, 10 janvier 1847

HADRIEN Empereur* / HALLYDAY Johnny : *Marie-Claire*, septembre 1995 – Canal +, *Nulle Part Ailleurs*, juin 1994 / HANIN Roger : *Le Nouvel Observateur*, 26 juin 1997 / HANOTEAU Gabriel* / HARDY Thomas* / *Harper's Magazine*, novembre 1853 / HASSAN II, roi du Maroc : *Le Point*, 6 février 1993 / HÉBERT Anne : *Kamouraska*, Seuil, 1970 / HÉBRARD François Marie Adrien* / HECQUET Stephen : *Faut-il réduire les femmes en esclavage ?*, La Table ronde, 1955 / HELPIN James* / HENRIET Jacques, sénateur du Doubs* / HERMANT Abel* / HERRIOT Édouard* / HIGGINS Herbert : *Hommes et femmes*, 1974 / HILL Benny* / HIPPOCRATE* / HIPPONAX* / HOLBERG Ludvig : *Jeppe du Mont*, 1722, in *Théâtre*, Presses de la Cité, 1955 / HOLT McGAVRAN James* / HOUELLEBECQ Michel : *Extension du domaine de la lutte*, Maurice Nadeau, 1994 – *Les Particules élémentaires*, Flammarion, 1998 / HOUSSAYE Arsène* / HUGO Victor : *Choses vues*, *Histoire*, in *Œuvres complètes*, Bouquins/Laffont, 1987 – *Le Tas de pierres* et *Portefeuille*, Club Français du Livre, 1967-1970 / HUPPERT Isabelle : *Gala*, 28 mars 1996 / HUYSMANS Joris-Karl : *En route*, Pirot C., 1985 / ISIDORE de SÉVILLE Saint : *Étymologies*, Livre XI

JACOB Catherine : Canal +, 1er février 1994 / JAF Dr* / JANVIER Thierry* / JARDIN Pascal : Cité in *Dictionnaire misogyne*, Lattès, 1993 / JEAN CHRYSOSTOME Saint* / JEANLET Abbé* / JEANNERET Maurice* / JEAN-PAUL II : *Homélies*, 1980 / JEANSON Henri : *Caviar*, 1962 – Dialogues du film *Fanfan-la-Tulipe* – *La Volonté*, 1925-1934 – *Les Bonnes Causes*, 1961 / JEROME K. JEROME : *Arrière-pensées d'un paresseux*, 1898, Arléa, 1998 / JÉRÔME Saint* / *John Bull's Neighbour in her true light*, Londres, 1899 / JOLY Abbé* / JOUHANDEAU Marcel* / JOUVET Louis* / JOUVIN Bernadette : *Pour être heureuse*, 1907 / JOYCE James : *Ulysse*, Gallimard, 1942

KARR Alphonse* / KERR Philip : *Cinq ans de réflexion*, Éditions du Masque, 1998 / KERSAUSON Olivier de : *Macho mais accro*, Cherche Midi, 1996 – *Télé-Loisirs*, 8 juin 1996 / KRAUS Karl*

LABICHE Eugène : *Faut-il le dire ?*, 1872 / LA BRUYÈRE Jean de : *Les Caractères*, Des femmes / LA FONTAINE Jean de : *Les Deux coqs*, in *Œuvres complètes*, I, Gallimard, 1991 / LAGERKVIST Pär : *Le Nain*, Stock, 1946 / LAMENNAIS Félicité Robert de* / LANCRAFT Benny* / LARBAUD Valery : *A.O. Barnabooth*, Gallimard, 1913 / LA ROCHEFOUCAULD

François de : *Réflexions ou sentences et maximes morales*, Garnier, 1967 / LARTÉGUY Jean : *Lettre ouverte aux bonnes femmes*, Albin Michel, 1972 / LAUWICK Hervé : *Les Femmes vues de près*, Fayard, 1961 / LAVOIX Henri* / LEAR Amanda : *Ici-Paris*, 25 mars 1998 / LÉAUTAUD Paul : *Passe-Temps, Mots, Propos et Anecdotes*, Mercure de France, 1952 / LEDUC Violette : *La Folie en tête*, 1970 / LEGOUVÉ Ernest : *Cours d'histoire morale des femmes*, Paris, 1848 / LE LURON Thierry* / LENCLOS Ninon de : *Correspondance* / LENTZ Joseph* / LÉPINE Louis, Préfet : Discours à la Chambre, 1904 / LEROUX Gaston et Pierre Wolf, *Le Lys* / LESSING Gotthold Ephraim* / LÉVY Bernard-Henri : *Elle*, novembre 1992 / LHERMITTE Thierry* / LICHTENBERG : *Aphorismes*, 1790, Club français du Livre / LINNÉ Charles de* / LOBSTEIN René : *Les Douze douzains du négoce*, Mercure de France / LOPE DE VEGA Felix : *Aimer sans savoir qui*, Journée II, sc. 3 / LORRAIN Jean : *Monsieur de Phocas*, 1901 / LORULOT A. : *Femmes et fillettes, méfiez-vous*, L'Idée libre, 1957 / LOUIS Bernard* / LOUVEL Abbé : *Traité de chasteté* / LOUVOIS François Michel de* / LUTHER Martin : Cité in *Le Monde*, 8 septembre 1995 / LY-KIN*

MADONNA : *Star-Club*, août 1991 / MAHOMET* / MAILER Norman : *Washington Post*, 1983 / MAINTENON Mme de : *Correspondance* / MAISTRE Joseph de* / MANGIN Jean-Louis* / Manifeste du Futurisme, in *Le Figaro*, 20 février 1909 / MANTEGAZZA P. : *Physiologie de la femme*, 1911 / MARCEAU Félicien : *La Mort de Néron*, 1956 / MARCEAU Sophie : *France-Soir*, février 1993 / MARIE-ANTOINETTE, reine de France* / MARIËN Marcel* / MARIVAUX Pierre de : *La Surprise de l'amour* / *Maroc-Presse*, 1955 / MARSAC Jean* / MARX Groucho* / MARX Karl : *Le Capital*, Livre I / MASSON Georges Armand* / MASSON Paul* / MASURE Bruno* / MATZNEFF Gabriel : *Élie et Phaéton*, La Table ronde, 1991 / MAUCLAIR Camille : *De l'amour physique*, Ollendorf, 1917 / MAUGHAM William Somerset : *L'Envoûté*, Éditions de France / MAUPASSANT Guy de : *Le Gaulois*, 27 juin 1882 / MAURIAC François : in *L'Écho de Paris*, 1934 – *L'Éducation des filles* – *Plongées*, Grasset – *Un Adolescent d'autrefois*, Flammarion / MAURICE M. : *Amour, terre inconnue*, 1928 / MAUROIS André* / MAXWELL Henry : *Trop d'amour*, Londres, 1937 / MÉDECIN Jacques : in *L'Événement du Jeudi*, 20 septembre 1990 / MENCKEN Henry Louis* / MENGIN-FONDARGON Baron de : *Lettres à ma fille ou Conseils sur l'éducation*, 1843 / MERCIER Louis-Sébastien : *Tableau de Paris*, 1782 / MÉRIMÉE Prosper : *Les Espagnols au Danemark*, 1825 / MERLE Robert : *Week-end à Zuydcoote*, Gallimard, 1949 / MESSMER Pierre : Europe 1, 27 mai 1993 / MÉTAYER Alex : *Ici-Paris*, 20 octobre 1993 / MEUNG Jean de : *Le Roman de la rose* / MICHELET Jules : *L'Amour*, 1858 / MIRANDE Yves* / MISTLER Jean : *Bon poids...*, 1976 / MITTERRAND François : Discours au Palais des Congrès, 28 avril 1981 / MOEBIUS Dr Paul Julius : *De la débilité mentale physiologique chez la femme*, 1900 / MOLIÈRE : *L'École des femmes*, 1662 – *Le Médecin malgré lui* – *La Critique de l'École des femmes*, 1663 – *Le Dépit amoureux* / *Le Monde*, 9 février 1954 / MONROE Marylin* / MONTAIGNE Michel Eyquem de : *Essais*, 1580-1595 / MONTAZZERI Ayatollah : Discours à Téhéran, mars 1985 / MONTESQUIOU Robert de* / MONTHERLANT Henry de : *Carnets 1930-1944*, Gallimard – *Le Démon du bien*, Gallimard, 1954 – *Les Célibataires*, 1934, Gallimard, 1948 – *Les Jeunes filles*, Gallimard, 1936 / MORAND Paul : *L'Europe galante*, Grasset, 1985 – *Le Réveille-matin*, Grasset – *Lewis et Irène*, Grasset, 1924 – *U.S.A.*, in *Poèmes*, Gallimard, 1973 / MOREAU Jeanne* / MUSSET Alfred de : *La Confession d'un enfant du siècle*, 1836 – *On ne badine pas avec l'amour*, 1834 – *Premières poésies, La Coupe et les lèvres*, in *Œuvres complètes*, Kraus reprint, 1970 / MUSSY Daniel : *Les Limites de l'impossible*, 1963

NAPOLÉON 1er : Préambule à l'article 1124 du Code civil / NARODETZI Docteur A. : *La Médecine végétale*, 1910 / NARREY Charles* / NECKER Mme : *Mélanges* – *Réflexions sur le divorce* / NERVAL Gérard de : Cité par Roger Caillois, in *Vocabulaire esthétique*, 1946 / NICHOLSON Jack : *Paris-Match*, 13 juin 1996 – *Entrevue*, mai 1997 / NIETZSCHE Friedrich : *Ainsi parlait Zarathoustra* : *De l'être féminin vieux et jeune*, 1884, Mercure de France, 1912 – *Par-delà le bien et le mal*, 1886 / NIOLET Abbé : *Nouveaux sermons pour les jeunes époux*, 1829 / NOCTUEL* / NODIER Charles : *L'Europe littéraire*, mars 1932 – *Maximes et pensées* /

NOTHOMB Amélie : *Hygiène de l'assassin*, Albin Michel, 1992 / NOUGARO Claude : *Les Don-Juans*, 1962 / NULS Les : *L'Info, c'est rigolo*, Canal+ éditions/Albin Michel, 1992
O Giobo, journal brésilien, 1992, in *L'Événement du Jeudi*, 1er janvier 1993 / ORLÉANS Duchesse d' : *Mélanges historiques, anecdotiques, critiques* / *Osservatore Romano*, quotidien du Vatican, Rome, mai 1967 / OVIDE : *Les Amours*, 10 av. J.C.

PAGNOL Marcel : *Topaze*, Fasquelle / PAILLERON Édouard : *Le Monde où l'on s'ennuie*, 1881 / PANDRAUD Robert : Discours devant l'Association Sécurité et Paix publique, 1987 / PASSEUR Stève : *La Traversée de Paris à la nage*, 1925 / PAUL Saint : *Épître aux Corinthiens – Première Épître à Thimothée*,/ PÉLADAN Joseph : *La Science de l'amour*, 1911 / PERRET Pierre : *Les Pensées*, Cherche Midi, 1997 / PEYNET* / PICABIA Francis : in *Picabia en verve*, Pierre Horay, 1974 / PICASSO Pablo* / PIE XII, pape : *Directives sur la famille*, Vatican, 1948 / PIEYRE de MANDIARGUES André : *La Motocyclette*, Gallimard, 1963 / PIRON Alexis* / PLATON* / PLUTARQUE : *Les Préceptes sur le mariage* / POIROT-DELPECH Bertrand : *L'Été 36*, Gallimard, 1984 / POLLAK Me Émile* / POMPADOUR Mme de : *Correspondance* / PONCHON Raoul : *La Muse gaillarde*, 1939 / PONIATOWSKI Michel* / PONTAUT Jean-Marie et Francis SZPINER : *L'État hors-la-loi*, 1989 / PORTO-RICHE Georges de : *Le Vieil homme*, 1911 / PRÉBOIST Paul : T.F.1., *Durand la nuit*, 30 novembre 1991 / PRÉVOST André* / PROUDHON Pierre-Joseph : *La Pornocratie ou Les Femmes dans les temps modernes*, 1875 / PROUST Marcel : *La Fugitive*, Gallimard, 1925 / PYTHAGORE*

QUENEAU Raymond : *Pierrot mon ami*, Gallimard, 1942 / QUINSON Gustave*

RABELAIS François : *Tiers Livre* / RACINE Jean : *Athalie* / RAYNAUD Fernand* / RÉGISMANSET Charles : *Le Livre de mes amis*, E. Sansot, 1921 / RÉGNIER Henri de : *Donc...*, Kra, 1927 – *Lui ou Les Femmes et l'amour*, Mercure de France, 1929 / REMY Pierre-Jean : *La Vie d'un héros*, Albin Michel, 1985 / RENARD Jules : *Journal 1887-1910*, Gallimard, 1960 / RENAUD : *Femina*, 19 janvier 1992 / RESTIF de LA BRETONNE Nicolas : *Entretien sur le mariage – La Paysanne pervertie*, 1784 / REVERDY Pierre : *Le Livre de mon bord*, Mercure de France, 1948 / Revue *Nos Loisirs*, 1924 / REY Étienne : *De l'amour*, 1909, Grasset, 1925 – *Maximes morales et immorales*, Grasset, 1914 / REZA Yasmina : *Une désolation*, Albin Michel, 1999 / RICHARDSON PARKE J. : *Sexualité humaine : un traité médico-littéraire sur les lois, les anomalies et les rapports du sexe*, 1906 / RICHEPIN Jean* / RICHTER Jean-Paul : *Blumen, Frucht und Dornenstucke*, 1796-1797 / RIMBAUD Joël* / ROBERT Claude : *L'Humour vert*, 1969 / ROCCA Robert : cité par Philippe Héraclès, in *Le Petit macho de poche*, Cherche Midi, 1984 / ROCHE France : in *7 à Paris*, 26 octobre 1988 / ROLAND Thierry : *Ici-Paris*, 4 octobre 1995 / ROLLAND Romain : *Lucienne* / ROMAINS Jules : *Knock ou Le Triomphe de la médecine*, Gallimard, 1924 / ROSNY aîné J.-H. : Cité par M. Hamel et C. Tournier, in *La Prostitution*, CGEP, 1927 / ROSSI V.G. : *Via degli Spagnoli*, 1936 / ROSTAND Jean : *Pages d'un moraliste*, Fasquelle, 1952 / ROTHSCHILD Nadine de : *Le Figaro*, 4 mai 1987 – *Télé 7 Jours*, 14 juin 1997 – *Voici*, 8 novembre 1993 – *Ciné-Télé-Revue*, 17 novembre 1994 / ROUSSEAU Jean-Jacques* / ROY Albert du : France-Inter, 23 juin 1997 / ROY Jules : *Amours barbares*, Albin Michel, 1993 / RUBINSTEIN Arthur* / RUQUIER Laurent : *Le Tout bon*, Lafon, 1995

SADE Donatien Alphonse, Marquis de : *La Philosophie dans le boudoir*, in *Œuvres complètes*, Pauvert, 1987 / SAINT-GÉHAN Mlle de : *Directives aux cheftaines de nos patronages*, 1913 / SALACROU Armand* / SAMAIN Albert : *Carnets intimes*, Mercure de France, 1939 / SAN-ANTONIO (Frédéric DARD) : *Les Mots en épingle*, Fleuve Noir, 1980 – *Berceuse pour Bérurier*, Fleuve Noir, 1960 – *Lire*, avril 1993 – *7 à Paris*, 18 septembre 1991 – *Les Pensées de San-Antonio*, Cherche Midi, 1996 – *On liquide et on s'en va*, Fleuve Noir, 1981 – *Réflexions passionnées sur l'amour*, Fleuve Noir, 1999 – *San-Antoniaiseries*, Fleuve Noir, 1989 / SANCHEZ Thomas* / SANTINI André : *Le Véritable dictionnaire du politiquement correct*, Lafon, 1996 / SAPIENCE Dr : *Ce que nos fils doivent savoir à quinze ans*, Brenet, 1925 / SARRAUTE Claude : *Voici*, 1er juin 1992 / SARTRE Jean-Paul : Cité par Jules Roy, in *Amours barbares*, Albin Michel, 1993 – *L'Être et le néant*, Gallimard, 1943 / SCHOLL Aurélien* / SCHOPENHAUER Arthur* / SCOTT Geoffrey : *Le Portrait de Zélide*, 1932 / SCUDÉRY Mlle de : *Conversations de morale* / SÉGUR Joseph Alexandre de : *Les Femmes* / SHAKESPEARE William : *Le Roi Lear* / SHAW George Bernard : *Avertissement sur le mariage* – Cité in *Bernard Shaw*, Gallimard / SIMENON Georges* / SIMONS G. L. : *Les Records sexuels*, Guy Authier, 1978 / SINCLAIR John* / SINCLAIR Robert : *L'Amour et moi*, 1966 / SMITH Harvey* / SMITHSON Lewis* / SOCRATE* / SPENCER Hubert* / STAËL Mme de : Citée par Gabriel Chevallier, in *L'Envers de Clochemerle*, Flammarion, 1966 – *De l'Allemagne* / STALLONE Sylvester* / STENDHAL : *De l'amour* et *Le Voyage en Italie*, in *Œuvres complètes*, Slatkine, 1985 / STERN Daniel (pseudonyme de Marie de Flavigny) : *Esquisses morales et politiques* / STERNBERG Jacques : *Les Pensées*, Cherche Midi, 1986 – *Lettre ouverte aux Terriens*, Albin Michel, 1974 / STRINDBERG August : *De l'infériorité de la femme*, 1893 – *Plaidoyer d'un fou*, 1887-1888, Langer, 1895 / SUARÈS André : *Variables*, Émile-Paul

TAINE Hippolyte : *Vie et opinions de Thomas Graindorge*, Hachette / TALLEYRAND (Charles Maurice de Talleyrand-Périgord)* / *TALMUD Le** / TEISSIER du CROS Louis : *L'Amour, les femmes et nous*, Gallimard / THÉRY M. A. : *Conseils aux mères sur les moyens de diriger et d'instruire elles-mêmes leurs filles*, 1837 / THÉVENIN Bernard* / THOMAS d'AQUIN Saint* / TIMMORY Gabriel* / TIMSIT Patrick : *Libération*, 18 février 1992 – *Ne me cherchez pas*, Théâtre Tristan Bernard, février 1992 – *Fallait pas l'ouvrir*, Albin Michel, 1994 / TORMA Julien : *Euphorismes*, Paul Vermont, 1978 / TOULET Paul-Jean : *Les Trois impostures*, Émile-Paul / TOURGUENIEV Ivan : *Roudine*, II, Plon / TOURNIER Michel : *Le Roi des Aulnes*, Gallimard, 1970 – *Les Météores*, Gallimard, 1975 / TRAMAR Comtesse de : *Le Bréviaire de la femme*, Victor-Havard & Cie, 1903 / TROYAT Henri : *L'Araigne* / TURNER Lana* / TWAIN Mark*

USTINOV Peter* / VAL Philippe : *La Grosse Bertha*, 1991 / VALÉRY Paul : *Mauvaises Pensées et autres*, Gallimard, 1942 – *Mélange*, Gallimard, 1941 – *Tel quel, Moralités*, Gallimard, 1932 / VAN DER VELDE : *Le Mariage parfait, étude sur sa physiologie et sa technique* / VÉBER Pierre : *Maximes et aphorismes d'un directeur de théâtre*, 1912 / VERNE Jules* / VÉRON Pierre : *Le Carnaval du dictionnaire*, 1863 / VIALATTE Alexandre : *Dernières nouvelles de l'homme*, Julliard, 1978 / VIAN Boris : *Barnum's digest* – *Les Morts ont tous la même peau*, Bourgois, 1985 / VIGNY Alfred de : *La Colère de Samson* / VILLIERS Philippe de : *L'Événement du Jeudi*, 1er janvier 1987 / VILMORIN Louise de* / VIOLET Jules : *La Débauche mondiale*, Georges-Anquetil, 1927 / VIREY Dr Julien-Joseph* / VOLTAIRE : *Le Sottisier*, Alinéa, 1992

WEININGER Otto : *Sexe et Caractère*, 1903, L'Âge d'homme, 1975 – *Carnets*, fragments publiés in *L'Infini* n° 4, 1983 / WEISS Louise : *Combats pour les femmes*, 1934-1939, Albin Michel, 1980 / WELLES Orson* / WEST Rebecca : in *Paroles de femmes*, Albin Michel, 1999 / WILDE Oscar : *Le Portrait de Dorian Gray*, Stock, 1924 / WILLEMETZ Albert* / WOLFROMM Georges : *Courts-circuits*, Stock, 1960 / WOLINSKI Georges : *Charlie-Hebdo*, 1974 – *La Morale*, Cherche Midi, 1992 – *L'Écho des Savanes*, janvier 1992 – *Les Pensées*, Cherche Midi, 1981

YANNE Jean : *Pensées, répliques, textes et anecdotes*, Cherche Midi, 1999 / YOURCENAR Marguerite*

ZAROULIS Nancy : *Lumières des ténèbres*, Gallimard, 1980 / ZOLA Émile : Chronique in *La Tribune*, 27 septembre 1868 – *Le Figaro*, 28 février 1881 – *Le Messager de l'Europe*, novembre 1878 – *Vérité*, 1902, Christian Pirot, 1993 / ZWANG Dr Gérard : *Le Sexe de la femme*, Pygmalion, 1979

Ouvrages de références

* *Anthologie des chants populaires français*, Durand & Cie, 1951 – M.C. et J. BOMPARD : *Voyage autour de la femme, d'Ève à Benazir*, A. Barthélemy, 1991 – Isabelle BRICARD : *Saintes ou pouliches : l'éducation des jeunes filles au XIXe siècle*, Albin Michel, 1985 – Raymond CASTANS : *Dictionnaire de l'esprit*, De Fallois, 1991 – Jacques CELLARD et Alain REY : *Dictionnaire du français non conventionnel*, Masson/Hachette, 1991 – Christopher CERF, Victor NAVASKY et Annie PHILIPPE : *Paroles d'experts*, Acropole, 1989 – Michel CHRESTIEN : E*sprit, es-tu là ?*, Gallimard, 1957 – Alain DAG'NAUD et Olivier DAZAT : *Dictionnaire inattendu des citations*, Hachette, 1992 – Olivier DEWAËLLE : *Le Dico des injures qui tuent*, Albin Michel, 1996 – Pierre DRACHLINE : *Dictionnaire humoristique des Surréalistes et des Dadaïstes*, Cherche Midi, 1995 – Jérôme DUHAMEL : *Le XXe siècle bête et méchant*, Albin Michel, 1999 + *Dictionnaire des citations du XXe siècle*, Albin Michel, 1999 + *Le Grand méchant bêtisier*, Albin Michel, éditions de 1992 à 1999 – Robert ÉDOUARD : *Nouveau dictionnaire des injures*, Sand & Tchou, 1983 – Danielle FLAMANT-PAPARATTI : *Bien-pensantes, cocodettes et bas-bleus : La femme bourgeoise à travers la presse féminine et familiale*, Denoël, 1984 – Marie GASQUET : *Ce que les femmes disent des femmes*, Flammarion, 1931 – Émile GENEST : *Les Belles citations de la littérature française*, Nathan, 1939 – Dominique GRANDFILS : *100 % Rock*, Rock&Folk/Albin Michel, 1997 – Léon-Louis GRATELOUP : *Dictionnaire philosophique de citations*, Hachette, 1990 – Benoîte GROULT : *Cette mâle assurance*, Albin Michel, 1993 – Olivier de KERSAUSON : *Macho mais accro*, Cherche Midi, 1996 – Maurice MALOUX : *Traits et mots d'esprit dans l'Histoire*, Albin Michel, 1977 + *Dictionnaire de l'humour et du libertinage*, Albin Michel, 1983 – Agnès MICHAUX : *Dictionnaire misogyne*, Lattès, 1993 – Alain PAUCARD : *De la misogynie considérée comme un des beaux-arts*, Acropole, 1990 – Catherine SOULINGEAS : *Le Dico anti-mec*, Albin Michel, 1995 – Luc UYTTENHOVE : *3000 mots d'amour*, Marabout, 1986 – Marion VIDAL et Jean-Claude GLASSER : *Histoire des plus célèbres répliques du cinéma*, M.A. Éditions, 1989.

Le flashage de cet ouvrage
*a été réalisé par l'***Imprimerie Bussière**
l'impression et le brochage ont été effectués
sur presse Cameron dans les ateliers
de **Bussière Camedan Imprimeries**
à Saint-Amand-Montrond (Cher),
pour le compte des Éditions Albin Michel.

Achevé d'imprimer en avril 2001.
N° d'édition : 19816. N° d'impression : 011922/4.
Dépôt légal : avril 2001.